맹자언어

별*별*클래식@

맹자언어_ 인문학이 탄생시킨@ 지혜,슬기,지식,교양

초판인쇄   2018년 8월 10일
초판발행   2018년 8월 15일

편   저   공공인문학포럼
발 행 처   스타북스
등록번호   제300-2006-00104호

주   소   서울특별시 종로구 종로1가 르메이에르 1117호
전   화   02)735-1312
팩   스   02)735-5501
이 메 일   starbooks22@naver.com

ISBN   979-11-5795-404-9 14150

ⓒ 2018 Starbooks Inc.
Printed in Seoul, Korea

이 도서의 국립중앙도서관 출판예정도서목록(CIP)은 서지정보유통지원시스템 홈페이지(http://
seoji.nl.go.kr)와 국가자료공동목록시스템(http://www.nl.go.kr/kolisnet)에서 이용하실 수 있
습니다.(CIP제어번호 : CIP2018024952)

맹자언어

공공인문학포럼 편저

스타북스

사람은 본래 착하다

맹모삼천지교가 만든 성인, 맹자가 어렸을 때, 그 집은 공동묘지 근처에 있었다.

그가 노는 모양을 보니, 무덤을 만들고 발로 달공2)하는 흉내를 냈으므로 맹자 어머니는 "이곳은 아이를 기를 만한 데가 못 된다." 하고는 이제 시장 근처로 이사를 했다.

그런데 그곳에서는 물건을 파는 장사꾼의 흉내를 자꾸 내서, 이에 맹모는 "이곳도 아이를 교육할 만한 곳이 못 된다." 하며 다시 학교 근처로 이사했다.

그러자 여기에서는 놀이를 하되, 제기를 차려놓고 어른에게 인사하고 겸손하며 양보하는 예를 다하는지라, 이때에야 비로소 맹모는 마음을 놓고 "이곳이야말로 참으로 자식을 가르칠 만한 곳이구나." 하며 그곳에서 살게 되었다. 맹자의 어머니가 모성 교육의 사표(師表)로서 후세에 길이 빛나는 이유도 여기에 있다고 하겠다.

사람의 천성은 선할까, 악할까? 이에 대해 두 가지 설이 있다. 하나는 맹자가 주장한 성선설이고, 다른 하나는 순자가 주장한 성악설이다. 맹자는 인간의 본성이 착하다고 주장한다. 인간의 천성은 물이 항상 아래로 흐르듯이, 오직 선한 것만을 따른다.

인간이 이 세상에 태어나 올바른 길을 가기 위해서는 자기 마음속에 들어 있는 것을 이끌어내기만 하면 되며, 현자의 모범적인 삶을 따로 배울 필요가 없다.

그저 자기 마음속에서 속삭이는 착한 양심의 소리에 귀를 기울이기만 하면 된다는 것이다. 이러한 측면에서 보면, 인간의 모든 잘못이나 죄는 밖에서 사람을 옭아매는 사회제도가 불완전한 데서, 그리고 나라를 다스리는 관리들의 잘못에서 비롯된다고 했다.

그렇다면, 과연 우리가 인간의 본성이 착하다는 사실을 어떻게 알 수 있을까? 이에 대해 맹자는 다음의 예를 든다.

"인간은 누구나 남의 고통을 차마 보지 못하는 마음을 가지고 있다. 가령 한 어린아이가 우물에 빠지려는 것을 갑자기 보았다고 하자. 그러면 누구나 깜짝 놀라서 건지려고 할 것이다. 그것은 인간의 측은한 마음에서 우러난 행동이다"라고 했다.

이 책은 명언 한 문장을 중심으로 각각 '명언 이야기' '돌고 도는 역사' 이 두 가지 관점에서 분석과 해석을 가미했다. '명언 이야기'에는 명언이 생겨난 배경과 이야기를 실었다. 이를 통해 독자들이 명언의 역사적 배경을 이해할 수 있도록 했다.

명언은 역사의 기록이며 오랜 시간 축적된 문화의 결정체이다. 서로 다른 시공간 속의 위대한 사람들의 경험과 지혜를 융합하여 자연, 사회, 역사, 인생 등에 대한 생각과 가치관을 나타내고 있다. 이러한 점을 고려하여 우리는 방대한 역사물 속에서 가장 생동감 넘치는 이야기들만을 선별하여 명언을 재해석했다.

따라서 이 책은, 실용적인 가치를 구비한 '명언 사전'으로 독자들이 비교적 짧은 시간에 고전 명작의 정수를 이해할 수 있도록 도와주고 있다. 우리는 이 책을 편성하는 과정에서 자료의 정확성에 중점을 두었다. 이 책을 읽는 독자들은 명언에 대한 지식을 습득하는 동시에 재미와 뿌듯한 감동을 느낄 수 있을 것이다.

1장 시류에 따라 달라져야 한다

2장 바람 앞의 등불이로다

5장　모질어야 부자가 된다

01

시류에 따라 달라야 한다

무리 중에 가장 뛰어나다
出乎其類 拔乎其萃(출호기류 발호기췌)

 맹자와 공손추는 누구를 성인이라 할 만한지에 대해
이야기를 나눴다.

공손추가 맹자에게 말했다.

"선생님은 다른 이들을 분석할 수 있고 마음이 넓으시니 성인이
라고 부를 수 있겠지요?"

그러자 맹자는 "그게 무슨 소린가? 예전에 자공(子貢)이 공자에
게 이렇게 물은 적이 있느니라. '선생님은 성인이시지요?' 그러자
공자께서는 '나는 성인이 될 수 없다. 나는 단지 공부하는 데 지겨
움을 모르고 다른 사람을 가르치는 데 힘든 줄 모를 뿐이니라.' 라
고 대답하셨다. 공자 같은 분조차 자기 자신을 성인이라 부르지 못

하는데 날더러 성인이라니 그게 무슨 소린가!" 라고 말했다.

그러자 공손추가 다시 백이(伯夷)와 이윤(伊尹) 그리고 공자 사이에 어떤 다른 점이 있는지를 물었고 맹자는 이렇게 대답했다. "재아(宰我)·자공(子貢)·유약(有若)은 공자를 이해할 수 있는 지혜를 가졌고 자신이 좋아하는 사람이라고 해서 아첨하는 자들이 아니었다. 그런데도 재아는 '내가 스승을 관찰한 결과 우리 스승님은 요, 순임금보다 더 뛰어난 사람이다.' 라고 말했고 유약은 '사람만 뛰어나겠는가? 짐승 중에는 기린, 새 중에는 봉황, 산 중에는 태산, 강 중에는 황허가 그렇다. 성인도 같은 사람이다. 내가 말한 모든 것은 같은 무리 안에서 뛰어난 존재들이다. 인류가 생긴 이래 공자보다 위대한 사람은 없다' 라고 말했단다."

돌고 도는 역사 이야기

당나라 재상 류안(劉晏)의 딸은 예부시랑(禮部侍郎, 예부는 육부(六部)의 하나로, 나라의 전장 제도나 전례·제사·학교·과거·빈객 접대 등을 담당한 기관임. 장관을 예부상서(禮部尙書)라 하고, 차관을 예부시랑이라 한다―역주) 반염(潘炎)과 결혼해 아들 반맹양(潘孟陽)을 낳았다.

먼 훗날 반맹양이 호부시랑(戶部侍郞)의 자리에 오르자 그의 어머니는 아들이 그 자리를 감당할 수 있을지를 걱정했다. 그래서 항상 아들에게 "너는 네가 갖춘 재능으로 시랑이라는 높은 자리에 올랐지만 어미는 네가 아랫사람들을 문제없이 잘 부릴 수 있을지 걱정되는구나."라고 말했다.

하지만 반맹양은 어머니의 말씀에 동의하지 않았다.

그래서 한번은 어머니에게 "내일 저의 동료들을 다 불러올 테니 어머니께서 한번 봐주십시오."라고 말했다.

반맹양은 정말로 호부에 있는 모든 관리와 관원들을 집에 초대했다. 손님들이 다 도착하자 어머니는 뒤에 숨어 그들을 자세히 지켜보았다. 이윽고 저녁 식사가 끝나 손님들이 하나둘 돌아간 후 어머니는 기뻐하며 아들에게 말했다.

"오늘 온 사람들의 능력 또한 너와 비슷하구나. 걱정하지 않아도 되겠다. 그런데 녹색 옷을 입고 가장 바깥쪽에 앉아 있던 젊은 이는 어떤 사람이니?"

반맹양은 한참을 생각하더니 그는 곧 관리가 될 두황상(杜黃裳)이라고 대답했다.

두황상은 평소 성격이 조용하고 너그러우며 교양이 높은 사람이지만 정치적인 면에서는 자신만의 견해가 분명한 사람이었다.

설명을 들은 어머니는 아들에게 "내가 보기에 그 사람은 다른 사람과 달라 보였단다. 분명히 다른 사람보다 뛰어난 인물일 게야. 앞으로 능히 삼공(三公, 옛 중국의 관직 이름. 천자에 버금가는 최고의 관직—역주)에 오를 만한 능력이 있는 사람이니 너는 앞으로 그 사람과 좋은 관계를 맺도록 하렴." 이라며 신신당부했다.

어머니의 예측은 조금도 빗나가지 않았다.

두황상은 훗날 정말로 재상의 자리에 올랐다. 그는 과거에 조정이 번진(藩鎭, 당(唐)·오대(五代)·송(宋)나라 초기에 절도사(節度使)를 최고 권력자로 한 지방 지배체제—역주)에 지나치게 관용을 베풀고 우유부단한 태도를 보였던 것과 달리 짧은 시간 안에 서천(西川)과 하수(夏綏)의 반란을 평정해 평화롭고 번영하는 당나라를 만들었다.

매우 여유가 있다
綽綽有餘(작작유여)

맹자는 제나라의 유명한 사람들을 방문하며 인정(仁政)을 설명했다. 제 위왕(威王)의 가장 가까운 심복 가운데 지와(蚳蛙)라는 사람은 맹자가 말하는 인정에 관심이 아주 많았다. 그래서 맹자의 말 중에서 간단한 내용을 한 가지 실험해봤는데 실로 매우 큰 효과를 거두었다. 덕분에 그는 궁의 사사(士師) 자리까지 승진했다.

사사의 직분을 맡아 왕과 만날 기회가 많아진 지와는 시시때때로 왕에게 맹자의 인정 사상을 권했다. 그런데 몇 개월이 지나도 아무런 성과가 없었다. 그래서 지와가 다시 한 번 왕에게 권하자 위왕은 그의 말을 받아들이지 않았을 뿐만 아니라 오히려 반감까지 내비쳤다. 그런 위왕의 반응에 지와는 곧 벼슬을 내놓고 물러났다.

그 소식이 퍼지자 제나라 사람들은 맹자를 비웃으며 말했다.

"지와는 왕에게 맹자의 인정 사상을 여러 차례 간언해도 받아들여지지 않자 벼슬까지 내놓았는데 맹자는 왜 아직도 떠나지 않는가?"

공도자(公都子)가 이 말을 듣고 맹자에게 전했다.

맹자는 "나는 부끄러움이나 수치심을 모르는 사람이 아니며 다 뜻에 따라 일하는 사람이다. 나는 전에 관직에 있는 자가 자신의 직책을 다하지 못하면 관직에서 물러나야 하고 간언해야 할 책임이 있는 자가 책임을 다하지 못하면 그 자리에서 물러나야 한다는 말을 들었다. 나는 관직도, 간언의 책임도 없으니 나아감과 물러섬, 떠나야 할 때와 남아야 할 때에 대해 어찌 자유롭지 않을 수 있겠는가?"라고 말했다.

돌고 도는 역사 이야기

명나라 시대에 계책이 뛰어난 양운재(楊雲才)라는 공사 관리자가 있었다. 그는 공사를 맡을 때마다 시공을 책임진 사람에게 자신이 설계한 요점을 말하고 그대로 진행하도록 시켰다. 사람들은 양운재가 왜 그렇게 명령하는지 이해하지 못했지만 일단 공사가 끝나고 나면 모두 양운재의 정교함에 감탄했다.

양운재가 형주(邢州)에서 일할 때 성벽을 재건해야 할 일이 생겼다. 관리들이 그 비용에 대한 예산을 다 짰을 때 조정에서 성벽을 좌우로 두 척(尺, 1미터의 약 3분의 1 길이—역주)씩 넓히라는 명령이 내려왔다. 이에 형주의 관리들은 다시 늘어난 비용을 어떻게 마련해야 할지 상의했다.

그때 양운재가 나서서 말했다.

"돈을 더 쓸 필요 없이 지금 있는 예산만으로도 충분히 성벽을 재건할 방법이 하나 있습니다."

이튿날, 양운재는 수하에게 말을 타고 벽돌 공장에 찾아가 벽돌 만드는 틀을 가져오라고 명령했다.

수하가 벽돌 틀을 바치자 양운재는 불같이 화를 내며 "이것은 좋지 않소." 라고 말하고 그것을 부숴버렸다.

그러고는 자기가 직접 만든 틀을 내놓으며 "이 모양대로 벽돌을 만드시오." 라고 말했다.

겉으로 보았을 때 벽돌 공장에서 가져온 벽돌 틀과 양운재가 만든 것은 서로 별다른 차이가 없어보였다. 하지만 양운재가 만든 것은 2푼(分, 척의 백 분의 일-역주) 더 두터웠다. 그래서 그 틀로 벽돌을 찍어내 두께를 재봤더니 벽돌을 합치면 조정에서 요구한 성벽 두께를 맞출 수 있었다.

양운재는 성벽이 완성된 후에야 자신이 그 틀을 사용하라고 한 이유를 설명했고 사람들과 관리들은 모두 그의 지혜에 탄복했다.

그때는 그때, 지금은 지금
此一時 彼一時(차일시 피일시)

맹자는 본래 제나라에 인정을 알릴 생각이었다. 그런
데 제 선왕은 많은 인재를 모으고 후히 대접하긴 했
지만 인재를 등용할 생각은 없었다. 이에 맹자는 제나라를 떠나기
로 마음먹었다.

맹자의 이런 사정을 잘 아는 충우(充虞)는 길에서 맹자를 만나자
이렇게 말했다.

"제가 보아하니 선생님 얼굴이 즐거워 보이지 않는군요. 며칠
전에 선생님께서는 '군자는 하늘을 미워하지 않고 사람을 책망하
지 않는다.'는 말을 하지 않으셨습니까?'

충우는 맹자가 제 선왕이 자신을 등용하지 않은 것에 불만을 품

어 떠나는 거라고 생각한 것이다.

충우의 말을 듣고 맹자가 말했다.

"그때는 그때고 지금은 지금이다. 오백 년이 지나면 반드시 성왕이 나타나고 그때가 되면 반드시 세상에 이름 높은 뛰어난 인재가 나타난다. 주나라 이후로 벌써 칠백 년이 되었다. 횟수를 따져보면 그 시기가 이미 지난 것이다. 그러나 시기로 본다면 이제 성군과 인재가 나타날 때가 되었다. 하늘이 아직 천하를 평화롭게 다스리려 하지 않는 것일 뿐 만약 지금 천하를 평화롭게 다스리려 한다면 이 시대에 나 말고 이 임무를 감당할 사람이 누가 있겠는가! 이러하니 내가 어찌 기뻐하지 않겠는가?"

돌고 도는 역사 이야기

진(秦)나라 말 농민들을 이끌고 반란을 일으킨 진승(陳勝)은 여러 지역을 점령한 뒤에 스스로 진현(陳縣)의 왕이 되어 국호를 '장초(張楚)'라 지었다. 그가 왕이 되었다는 이야기가 널리 퍼지자 과거에 같이 농사짓던 친구들이 하나둘 찾아와 옛이야기를 하면서 그의 덕을 보기 원했다.

하지만 지금은 전과 상황이 많이 달라졌다. 진승은 이미 그들과 허물없이 지내던 친구가 아니었다. 친구들을 보는 왕의 얼굴이 점점 일그러지는 것을 보고 지금이 기회라 생각한 대신들이 왕에게 고했다.

"저 시골 촌놈들이 왕 앞에서 쓸데없는 이야기를 지껄이고 폐하의 위엄을 해치니 그들은 틀림없이 진나라에서 보낸 자들일 것입니다."

진승도 마침 옛 친구들이 자신의 체면을 구긴다고 생각하던 터라 대신들의 말을 듣고는 바로 친구들을 처형해버렸다.

그리고 주방(朱防)을 법무부 장관에 해당하는 중정(中正)에, 호무(胡武)는 그 차관에 해당하는 사과(司過)에 앉히고 그 두 사람에게 감찰 업무를 맡겼다. 이 두 사람이 하는 주된 일은 진승의 명령을 듣지 않는 사람을 처벌하는 것이었다. 진승은 호해(胡亥)의 폭정과 만행에 대항해 반란을 일으킨 인물이지만 그의 무지함과 폭정은 결코 호해에 뒤지지 않았다.

얼마 뒤 진승의 장인이 그를 찾아왔다. 그런데 진승은 장인을 보고도 절하지 않고 그냥 고개만 까딱 숙여 인사했다.

그러자 장인은 화가 나서 "반란을 일으켜 스스로 왕이 되더니

이제는 어른을 보고도 무례하게 행동하는군! 자네는 분명히 오래

가진 못할 걸세!" 라고 말하고는 뒤도 돌아보지 않고 그 자리를 떠

나 다시는 진승을 찾아오지 않았다.

　그때부터 과거 진승과 함께 했던 친구들은 점점 그를 멀리했고

어느새 진승 곁에는 친한 사람이 한 명도 없게 되었다.

일을 대충대충 하다
大而化之(대이화지)

호생(浩生)은 제나라 사람이 아니다. 그는 어느 날 맹자에게 그의 제자 악정자에 대해 물었다.

"악정자는 어떤 사람입니까?"

자신의 제자를 아주 잘 아는 맹자는 "그는 아주 착하고 믿을 수 있는 사람이다."라고 말했다.

그러자 호생은 이해할 수 없다는 표정으로 다시 물었다.

"무엇이 착하고 믿을 수 있는 것입니까?"

이에 맹자가 대답했다.

"우리가 따라야 할 것은 선인데 우리는 이미 선을 갖추고 있고 이를 신이라고 한다. 선한 것이 몸에 가득 차 있으면 아름답다고 하

25

고 충실하여 빛나는 것을 위대하다고 한다. 또, 위대하여 남을 감화하는 것을 신성하다고 하고 신성하여 알아볼 수 없는 것을 신이라고 한다. 악정자는 선과 신 이 두 가지 가운데 있지만 아름다움·위대함·신성함·신(神)에는 아직 못 미치는 사람이다."

돌고 도는 역사 이야기

삼국시대, 동오(東吳)의 장군 장소(張昭)는 손책(孫策)을 따라 각 지역을 토벌했다. 손책은 정치적, 군사적 업무의 모든 권한을 장소에게 주었고 장소는 많은 업적을 세움으로써 손책에게 보답하고 또 전국적으로 유명해졌다. 북방에 있는 사대부(士大夫)가 그에게 편지를 보내 경의를 표할 정도였다.

장소는 그 편지를 받고 기쁘면서도 한편으로는 염려가 되었다. 자신의 업적이 높이 평가받았다는 사실은 기쁘지만 이 편지의 내용을 손책에게 아뢰어야 할지 숨겨야 할지 염려되었던 것이었다. 손책에게 이를 보고하면 자신이 주공(主公)보다 더 공이 크다고 교만한 것으로 보일 우려가 있고 편지를 받은 사실을 숨긴다면 마치 비밀스러운 내용이라도 있느냐는 오해를 불러일으킬 수 있는 상황 아닌가! 이렇게 되어 장소가 어찌할 바를 모르며 안절부절못하고 있는데 손책이 이 사실을 알게 되었다.

손책은 장소를 불러 관중(管仲)과 제 환공(桓公)의 이야기를 들려주었다.

"과거 제 환공이 관중을 등용하고 모든 일을 그에게 맡기면서 중부(仲父, 둘째아버지 — 역주)라 불렀다오. 사람들이 환공에게 무언가를 상의하러 오면 '중부에게 물어보시오'라고 대답했고 다시 자신에게 의논하러 와도 또 '중부에게 물어보시오'라고 대답했소. 그래서 사람들이 '툭하면 중부, 중부 하시는데 한 나라의 왕이 이렇게 쉬운 일입니까?'라고 불평하기 시작했지요. 그러자 환공은 '내가 중부를 얻기 전에는 왕이라는 자리가 너무 어려웠소. 이제 중부를 얻었으니 이 자리가 어찌 쉬워지지 않겠소?'라고 대답했소. 지금 북방 사람들이 장소라는 인물을 재능이 있다고 칭찬을 합니다. 그 장소는 내가 등용한 사람이니 그러한 인재를 등용한 나 역시 능력 있는 사람이라고 말하는 것과 같지 않습니까?'' 말을 마친 손책은 크게 웃으며 말했다. "장군, 장군께서는 뛰어난 인재십니다. 제가 장군을 믿는데 어찌 천하를 통일하지 못하겠습니까?"

(군대를 환영하기 위한)
소쿠리 밥과 항아리 국
簞食壺漿(단사호장)

315년 전, 연나라 왕 희쾌(姬噲)는 말년에 대신 자지 (子之)에게 왕위를 넘겨주었다. 그러자 태자 평취중 (平聚衆)은 자지를 공격하며 내란을 일으켰다. 그러자 이웃 국가인 제나라가 제 선왕 2년에 그 틈을 타 연나라를 공격했다.

한편 연나라 군과 백성들은 끊임없이 일어나는 전쟁에 신물이 나 하루빨리 전쟁이 끝나기만을 기다리던 터라 제나라 군대가 쳐들어 오는데 성문조차 닫지 않았다. 덕분에 제나라 군은 단 오십 일 만에 연나라의 수도까지 진격했고 마침내는 자지와 희쾌 모두 죽였다.

승리를 거둔 후 제 선왕이 맹자에게 물었다.

"당시 어떤 이는 나에게 연나라를 공격하지 말라고 했고 또 다른 이들은 연나라를 공격해야 한다고 했소. 사실 전차 만 승을 가진 대국이 똑같이 만 승을 가진 대국을 공격해 단 오십 일 만에 성공하기란 사람의 힘만으로는 부족한 일이오. 하지만 그때 공격하지 않으면 나중에 우리가 재앙을 당하게 될 터이니 그리 할 수밖에 없었소. 만약 그 당시 연나라를 공격하지 않았다면 또 어떤 상황이 발생했겠소?'

이에 맹자가 대답했다.

"만약 연나라 백성이 기뻐한다면 연나라를 공격해도 좋습니다. 과거 주(周) 무왕(武王) 시절에도 이런 일이 있었습니다. 그러나 연나라 백성들이 꺼린다면 공격해서는 안 됩니다. 과거 주 문왕(文王) 시절에 바로 이런 일이 있었습니다. 제나라같이 전차 만 승을 가진 대국이 같은 힘을 가진 연나라를 치러 할 때, 연나라 백성이 밥과 국을 담은 소쿠리와 항아리를 들고 나와 제나라 군대를 환영한다면 그 목적이 무엇이겠습니까? 그들은 그저 힘든 생활을 하루 빨리 끝내고 싶을 뿐입니다."

돌고 도는 역사 이야기

삼국시대, 조조(曹操)가 군대를 이끌고 장수(張繡)를 공격하러 나갔다. 마침 보리가 익어가는 계절이었는데 백성들은 행군하는 군대를 보고 겁에 질려 아무도 감히 보리를 수확하러 들에 나가지 못했다.

그 사실을 안 조조는 곧바로 "모든 군대는 절대 보리밭을 밟지 마라. 이를 어기는 자는 참수형에 처할 것이니라." 하고 명령을 내렸다.

조조의 군대는 명령에 따르기 위해 모두 말에서 내려 행군했고 조조는 계속해서 말을 타고 갔다. 그런데 갑자기 비둘기가 날아오르는 바람에 크게 놀란 조조의 말이 밭으로 뛰어 들어가 엉망으로 만들어버렸다! 조조는 곧 말에서 내려 주박(主薄)을 부르더니 자신의 죄를 벌하라고 말했다.

"내 말이 밭을 밟아 명령을 어겼으니 군법에 따라 나를 벌하시오."

주박은 절대 그럴 수 없다는 표정으로 "이 군대를 이끄시는 분에게 어찌 죄를 물을 수 있습니까?" 라고 말했다.

그러자 조조는 "명령을 한 내가 그 명령을 어겼는데 죄를 묻지 않는다면 내가 어찌 이 군대를 계속 이끌 수 있겠는가?" 라고 말했다.

조조가 재빨리 칼을 꺼내 스스로 목숨을 끊으려 하자 사람들이 달려들어 겨우 그를 말렸다.

주박이 조조에게 말했다.

"명령은 일반 군사들에게 하는 것입니다. 고서 『춘추(春秋)』에서도 존귀한 사람은 처벌하지 않는다고 했습니다. 더구나 장군께서는 말이 놀라 실수로 밭을 밟은 것이니 죄를 물을 필요가 없다고 생각됩니다."

그 말을 듣고 조조가 말했다.

"자네가 내 죄를 묻지 않으니 내가 내 죄를 스스로 물어야겠군."

그는 말을 마치자마자 칼을 꺼내 자신의 머리카락을 한 움큼 잘라냈고 그것을 땅에 던짐으로써 참수형을 대신했다. 조조의 군대는 이 일을 계기로 더욱 공정하게 법을 집행했고 백성에게 어떠한 잘못도 저지르지 않았다. 그러자 이후로는 가는 곳마다 백성들이 음식을 준비해 조조의 군대를 환영했다.

도가 바로 눈앞에 있는데
멀리서 찾는다
道在邇而求諸遠(도재이이구제원)

맹자는 특별한 수양과 재능은 특수한 환경에서 만들
어진다고 생각했다. 다시 말해 사람이 아주 힘들고
어려운 환경에서 다른 사람보다 더 많은 훈련과 시련을 거쳐야 비
로소 도와 지식, 기술, 재능을 쌓는다고 여긴 것이다.

그래서 맹자는 그의 제자들에게 "가끔은 가까운 것을 버리고 멀
리서 찾는 것과 쉬운 방법을 두고 힘들게 해결하는 것도 더 높은 단
계의 수양을 하는 방법이긴 하다."라고 말했다.

하지만 그는 또 "도가 바로 눈앞에 있는데 멀리서 찾고 아주 쉬
운 일인데도 어려운 방법으로 해결하려 한다."며 "세상이 평화로
워지려면 모든 사람이 부모를 잘 섬기고 어른을 공경해야 한다."

고 가르쳤다.

돌고 도는 역사 이야기

당(唐) 현종(玄宗) 때 이모(李謨)라 불리는 피리 연주가가 있었다. 그는 한 부자 상인과 함께 장강(長江) 하류 이남을 돌아다니며 여행했다. 그들은 가는 곳마다 문인과 시인들에게 환영을 받았고 이모는 늘 피리를 연주해달라는 청을 받았다.

그의 피리 소리는 청명하고 아름다웠으며 곡을 아주 섬세하게 표현했다. 그날도 이모의 연주가 끝나자 자리에 모여 있던 사람들이 저마다 큰 소리로 칭찬하며 박수갈채를 보냈다. 그런데 혼자 떨어져 앉은 한 노인만은 두 눈을 지그시 감고서 이모의 피리 소리 따윈 전혀 신경 쓰이지 않는다는 듯한 표정을 짓고 있었다. 젊은 혈기를 못 이긴 이모는 당장 그 노인에게 다가가 따지듯 물었다.

"제 연주가 탐탁지 않다는 듯한 표정을 짓고 계시는데, 피리를 연주하실 줄 아십니까?"

그러자 노인은 보일 듯 말 듯한 미소를 지으며 말했다.

"젊은이의 연주는 듣기가 참 좋네. 다만 그 안에 구자(龜茲, 과거 중국에 있었던 나라─역주)의 음색이 어색하게 섞여 있군."

이모는 노인의 이야기를 듣고 깜짝 놀랐다. 방금 자신이 연주한 곡은 바로 구자에 사는 사람에게 배운 것이었기 때문이다. 그렇다면 스승이 제대로 가르쳐주지 않은 걸까? 이모는 노인에게 자신의 연주를 다시 한 번 제대로 들어달라고 부탁했다. 이모의 연주가 끝나자 노인은 이렇게 평했다.

"좋은 연주였네만 피리가 고음을 처리하지 못하는군. 고음을 연주하면 그 피리는 틀림없이 부서지고 말 걸세."

노인의 평가를 듣고 점점 호기심이 생긴 이모와 주변 사람들은 노인에게 한 수 보여줄 것을 재차 부탁했다. 노인은 하는 수 없이 이모의 피리를 받아들고 정신을 가다듬어 연주하기 시작했다. 노인의 피리 소리는 훨씬 맑고 깨끗했다. 사람들은 노인의 연주를 들으며 어느새 멍해졌다. 막 13장을 연주하면서 리듬이 조금씩 빨라지고 음이 점점 높아질 때 노인의 말대로 이모의 피리는 가장 높은 음에서 "피—" 소리를 내며 산산조각이 났다.

마음 깊은 곳에서부터 탄복한 이모가 입을 떼려는 순간 노인은 자기 품속에서 자주색 대나무 피리를 꺼내 연주를 이어 나갔다. 이번에는 전의 연주와 소리가 완전히 달랐다.

높은 음은 마치 성스러운 봉황이 부드럽게 우는 듯했고 낮은 음은 용이 물속을 자유롭게 헤엄치는 듯했다. 이윽고 연주가 끝나자 감탄을 금치 못한 이모와 사람들은 바닥에 엎드려 경의를 표했다. 잠시 후 연주가 끝나고 자리가 파하자 이모는 노인에게 스승이 되어달라고 간청했다. 하지만 이튿날 노인은 어제 연주한 자신의 피리만 남겨둔 채 홀연히 떠났다.

피리에는 '예술은 경지가 없다' 라는 말이 새겨져 있었다.

사실 노인이 이모에게 하고 싶었던 말은 "이치는 가까운 데 있는데 멀리서 구하려 하고 쉬운 일도 어렵게 해결하려 한다. 이러한 이치를 깨닫는다면 분명히 큰 성과를 거둘 수 있을 것이다." 라는 것이었다.

이모는 마치 꿈에서 막 깬 듯한 기분이었다. 그는 바로 그날 밤새도록 걸어서 장안(長安)으로 돌아가 처음부터 다시 훈련에 훈련을 거듭했고 마침내 전국에 이름을 떨치는 피리 연주가가 되었다.

도리에 맞으면 도움이 많고
도리에 어긋나면 도움이 적다

得道多助 失道寡助(득도다조 실도과조)

 어느 날 맹자는 전쟁 중에 민심이 돌아서는 문제를 논하면서 전쟁에서 승리하려면 민심을 얻는 것이 가장 중요하다고 말했다. 전쟁의 승패를 좌우하는 결정적 요인인 사람 간의 화합은 맹자의 인정 사상에서 실현된다.

맹자는 그것을 이렇게 말했다.

"하늘의 때는 땅의 이로움만 못하고, 땅의 이로움은 사람 간의 화합만 못하다. 3리(里, 길이의 단위 1리는 약 400미터 - 역주)에 이르는 성과 7리에 뻗은 성곽을 포위하고 공격할 때 분명히 하늘의 때를 얻었음에도 이기지 못할 때가 있다. 이는 하늘의 때가 땅의 이로움만 못하기 때문이다. 성이 높고 못이 깊으며 무기가 예리하고 식량이 풍부한데도 적이 공격하면 바로 성을 버리고 도망가는 때가 있다. 이것은 땅의 이로움이 사람 간의 화합만 못하기 때문이다. 그래서 영토에 경계를 짓는다고 해서 사람들이 밖으로 빠져나가지 못하게 가둬둘 수 있는 것이 아니고 산천이 험준하다고 해서 나라의 방어가 견고해지는 것이 아니다. 또한 예리한 무기를 가졌다고 해서 천하에 위세를 떨치는 것은 더더욱 아니다. 도를 얻는 사람은 곁에 도와주는 사람이 많고 도를 잃은 사람은 곁에 도와주는 사람이 적다. 도와주는 자가 극히 적을 때는 가족에게마저도 배반당하고 도와주는 이가 많으면 온 천하가 순종한다. 온 천하가 순종하는 힘으로 가족조차 배반하는 나라를 공격하므로 군자는 싸우지 않을 뿐이지 일단 싸움을 하면 반드시 이기게 된다."

돌고 도는 역사 이야기

춘추시대 초기 정(鄭)나라 무공(武公)이 세상을 떠난 후 태자 오생(寤生)이 왕위에 올라 정 장공(莊公)이 되었다. 하지만 그의 위치는 늘 생모와 동생에게 위협을 받았다. 동생 공숙단(共叔段)을 편애하는 생모 무강(武姜)은 공숙단에게 제읍(制邑)을 봉지로 떼어주라고 정 장공에게 요구했다. 그러나 제읍은 군사적 요충지인지라

정 장공은 이를 허락하지 않았다. 그러자 무강이 이번에는 거의 침략 받을 일이 없는 경성(京城)을 공숙단에게 주라고 요구해 정 장공도 어쩔 수 없이 허락했다.

공숙단은 경성에 도착하자마자 성벽을 더 높고 튼튼하게 쌓기 시작했다. 공숙단의 이러한 행동에 대신들은 의견이 분분했다. 대신들은 하나둘 나서서 정 장공에게 호소했다.

"각 성읍의 성벽 높이는 이미 선왕 때 정해진 기준이 있습니다. 지금 공숙단이 그러한 규정을 어기고 성벽을 다시 쌓고 있으니 폐하께서 반드시 막으셔야 합니다. 그렇지 않으면 걷잡을 수 없는 결과를 불러올 것입니다."

그러자 정 장공은 "어머니께서 그렇게 하기를 원하시니 내가 어찌하겠소?"라고 말할 수밖에 없었다.

공숙단은 형이 자신에게 아무런 제재도 하지 않는 것을 보고 더욱 경거망동했다. 서부와 북부의 군대에 자신의 명령을 들으라고 강조하는가 하면 마음대로 주변 지역을 자신의 땅으로 삼았다. 상황이 여기까지 이르자 공자려(公子呂)가 나서서 정 장공에게 말했다.

"지금 당장 그를 막아야 합니다. 그렇지 않으면 주변의 전략적 요충지가 모두 그의 손에 들어갈 것입니다!"

하지만 정 장공은 전혀 당황하지 않고 태연하게 말했다.

"그럴 필요 없소. 도를 얻은 사람은 곁에 돕는 사람이 많고 도를 잃은 사람은 곁에 돕는 사람이 적은 법이요. 군자에게 의롭지 못하고 형제를 제대로 대하지 못하며 인의를 행하지 못한다면 공숙단이 제아무리 많은 땅을 차지한다 해도 곧 스스로 궤멸하고 말 것이오."

형이 자신의 행동에 아무 반응을 하지 않자 공숙단은 점점 대담하게 양식과 재물을 거두고 군대를 확충하면서 정 장공을 공격할 준비를 했다.

한편 백성들은 그런 공숙단에게 불만을 품고 속속 정 장공이 다스리는 지역으로 도망쳤다.

시간이 얼마쯤 흘렀을까? 갑자기 "때가 되었다!"라고 선언한 정 장공은 은밀히 공숙단이 군대를 일으킬 날짜를 알아내고는 공자려와 전차 이백 승을 내보내 공숙단에게 선제 공격했다.

결국 공숙단은 나라를 떠나 멀리 도망갈 수밖에 없었다.

적당한 장소를 찾다
得其所哉(득기소재)

 본명이 공손교(公孫僑)인 자산은 춘추시대 정(鄭)나라의 정치가다. 그는 간공(簡公) 때부터 정치를 시작해 정공(定公)·헌공(獻公)·성공(聲公)에 이르기까지 정나라에서 이십여 년 동안이나 벼슬에 있었다. 자산이 대대적으로 정치와 경제를 개혁하고 외교적으로는 흔들림 없이 진(晉)나라와 동맹 관계를 유지한 덕분에 정나라는 한층 안정되었다.

어느 날 어떤 사람이 자산에게 큰 물고기 한 마리를 선물했다. 이에 자산은 저수지를 관리하던 사람을 불러 물고기를 그곳에 놓아 키우라고 시켰다. 그런데 그 저수지 관리인은 자산 몰래 그 물고기를 먹어치우고서 자산에게는 거짓 보고를 했다.

"분부하신 대로 물고기를 저수지에 풀어놓았는데 처음에는 꿈쩍도 하지 않더니 잠시 후 꼬리를 흔들면서 헤엄을 치기 시작했습니다. 그런데 또 얼마 후에 보니 갑자기 어디론가 사라져버렸지 뭡니까?"

관리인에게 이야기를 들은 자산은 매우 만족스러운 얼굴로 말했다.

"물고기가 자신이 가야 할 곳으로 갔구나, 제자리로 돌아갔어!"

그러자 관리인은 속으로 자산을 비웃었다. 그러고는 나중에 다른 사람에게 조용히 말했다.

"물고기가 이미 내 뱃속에 있는 것도 모르고 '제자리로 갔구나, 제자리로'라고 말하는 자산을 누가 지혜롭다고 한단 말인가?"

돌고 도는 역사 이야기

삼국시대, 제갈량(諸葛亮)의 부인 황석(黃碩, 우리나라에서는 황월영(黃月英)으로 알려져 있음—역주)은 이름처럼 머리카락은 노랗고 피부는 검으며 덩치도 우람해 그야말로 마을에서 알아주는 추녀(醜女)였다.

황석은 하남(河南) 지역에서 유명했던 황승언(黃承彦)의 딸이다.

황승언은 제갈량의 마음을 잘 아는 사람인지라 일찍이 나라에 뜻을 둔 제갈량이 훌륭한 집안의 규수나 소문난 미인에게는 전혀 관심이 없고 오직 지혜와 덕을 겸비해 그를 내조할 현모양처를 원한다는 것도 잘 알고 있었다. 그래서 황승언은 체통은 좀 살지 않지만 자신이 중매를 서서 제갈량에게 자신의 딸을 시집보내겠다고 결심했다.

어느 날 제갈량이 황승언의 집에 찾아왔다. 그런데 집 안에 들어서자마자 갑자기 개 두 마리가 제갈량에게 달려드는 것이 아닌가! 깜짝 놀란 하인이 달려와 개의 머리를 치고 귀를 누르니 사나웠던 개들은 금세 얌전해져서 바닥에 가만히 앉았다. 그 모습이 신기했던 제갈량이 자세히 살펴보니, 그것들은 진짜 개가 아니라 기계처럼 움직이는 목각 인형이었다. 제갈량은 진짜 개와 흡사할 만큼 정교한 개들을 보고 감탄을 금치 못했다. 그러자 황승언이 크게 웃으며 말했다.

"그건 내 딸이 심심할 때 가지고 노는 것들인데 자네를 놀라게 할 줄은 미처 몰랐네. 정말 미안하구먼."

집 안으로 들어가며 제갈량이 주위를 둘러보니 벽에 『조대가궁 원수독도(曹大家宮苑授讀圖)』가 걸려 있었다.

그것에 또 감탄하는 제갈량에게 황승언은 또 "그것은 내 딸이 그냥 재미삼아 끼적거린 거라네. 자네 같은 전문가가 보면 웃음밖에 안 나올 걸세."라고 말했다.

그리고 창밖에 피어 있는 꽃들을 가리키면서 "저 꽃들과 화분은 다 내 딸이 손수 심고 물을 주고 손질한 것들이라네."라고 딸을 칭찬했다.

그 후 제갈량이 황석을 아내로 맞아들이자 마을 사람들은 하나같이 "아내를 얻을 때는 공명(孔明, 제갈량의 자 — 역주)을 따라하지 마라. 못생긴 여자를 얻을 뿐이니."라며 그를 비웃었다.

하지만 그들은 제갈량이 사실은 운 좋게도 자신의 필요에 따라 원했던 현명하고 덕을 겸비한 현모양처를 부인으로 얻었다는 것은 전혀 생각지 못했다.

무덤에서 구걸하다
墦間乞餘(번간걸여)

제나라에 한 남자가 아내 한 명과 첩 한 명을 데리고 살았다. 살림은 가난한데 어떻게 된 일인지 남편은 항상 밖에서 술을 잔뜩 마시고 집에 돌아왔다.

어디를 다녀오느냐고 물어봐도 남편은 항상 "부자 친구가 대접한 것이오."라고 대답할 뿐이었다.

남편의 행동을 수상쩍게 생각한 부인은 첩에게 말했다.

"항상 부자 친구에게 대접받은 거라고 말하긴 하지만, 어찌 우리 집에는 손님이 한 번도 찾아오지 않는 거지? 자네와 내가 한 번 알아봐야 하지 않겠나?' 라고 말했다.

다음날 아침 남편은 평소처럼 밖으로 나갔다. 아내는 몰래 남편의 뒤를 밟기 시작했다. 한참을 걸었는데도 그동안 남편과 인사하는 사람은 단 한 명도 없었고 남편과 이야기를 나누는 사람은 더욱 없었다.

어느새 남편은 성 바깥까지 나가 동쪽 교외로 가더니 어느 무덤을 향해 걸어갔다. 그곳에서는 막 장례를 치른 사람들이 제사를 지내고 남은 음식을 먹고 있었다.

남편은 그들에게 가서 남은 음식을 구걸하더니 한쪽으로 가서 게걸스럽게 먹기 시작했다. 금세 다 먹어치운 남편은 아직도 배가 부르지 않은지 주위를 살펴보다가 제사를 지내고 있는 또 다른 사람들을 발견하고 그들에게 다가갔다. 이것이 바로 남편이 말하는 '부자 친구의 대접'이었던 것이다. 이렇게 해서 부인은 사건의 전말을 그제야 알게 되었다.

기운이 빠진 부인은 바로 집으로 돌아와 자기가 본 모든 상황을 첩에게 말해주면서 "남편이란 우리가 평생 의지해야 할 사람인데 우리 남편은 겨우 이 지경이구나!"라고 한탄했다.

첩 또한 이 말을 듣고 마음이 아팠다. 두 사람이 서로 위로하며 통곡하는데 마침 남편이 돌아왔다. 남편은 사실이 다 들통 난 것도 모르고 의기양양한 채 으스대며 방 안으로 들어왔다. 그러고는 울고 있는 부인과 첩을 보며 "뭐하는 짓이오? 나 같은 남편을 둔 것도 만족하지 못하는 거요?"라며 한껏 자신을 뽐냈다.

돌고 도는 역사 이야기

남송(南宋) 소흥(紹興) 10년(1140년), 감찰어사 만사설(萬俟卨, '만사'가 성씨임—역주)은 진회(秦檜)의 꼬드김에 넘어가 조정에 악비(岳飛)를 모함하는 상소를 올렸다. 그는 악비가 오만방자하며 과거 금나라가 회서(淮西) 지역을 공격했을 때 군사들과 진영을 버렸다는 죄명을 씌웠다.

만사설이 이렇게 서슷 상소를 올린 후 악비를 미워하던 대신들과 진회가 악비를 공격하는 상소를 연이어 올리는 바람에 악비는 결국 추밀부사(樞密副使)자리에서 물러나게 되었다.

하지만 진회는 그 후에 다시 고종(高宗)에게 상소해 악비와 악운(岳雲)을 잡아다가 대리사(大理寺, 형벌과 감옥에 관한 일을 맡아본 관청—역주)에서 심문할 것을 간청했다.

그런데 심문을 맡은 중승(中丞) 하주(何鑄)는 악비의 넓은 마음씨에 감동해 조정에 악비의 죄가 명확하지 않다고 보고했다. 그러자 대리사경(卿) 설인보(薛仁輔), 대리사승(丞) 이약박(李若樸)·하유(何猷)·한세충(韓世忠)·유홍도(劉洪道) 등 많은 관리가 용감하게 나서서 악비의 무죄를 호소했다.

이에 하주가 악비를 동정한다고 생각한 진회는 그에게 계속 심문을 맡기지 않고 만사설에게 넘겨 악비의 죄를 날조하도록 했다. 만사설은 조정의 명을 받는 관리였지만 실은 상황에 따라 간에 붙었다 쓸개에 붙었다 하는 소인배에 불과했다.

양심이나 정의 따윈 진즉에 버린 그는 진회의 사주에 따라 악운이 장헌(張憲)에게 군대를 모아 반란을 일으키자는 내용의 편지를 보냈다고 모함했다. 그리고 증거가 없는 것을 무마하기 위해 장헌이 이미 그 편지를 불태웠다고 거짓말했다.

1142년 1월 민족의 영웅 악비는 결국 모함을 받아 서른아홉 살 젊은 나이에 풍파정(風波亭)에서 처형당했고 악운과 장헌도 그곳에서 처형당했다.

그 후로도 만사설은 계속해서 자신의 인생을 진회를 위해 바쳤다. 하지만 한 번 진나라 사람들이 진회를 칭찬했다고 꾸며 고종에게 고하지 않았다고 바로 벼슬에서 밀려나 귀주(歸州)로 내려갔다.

자기 자신에게서 잘못의 원인을 찾다
返求諸己(반구제기)

 맹자는 사람의 본성은 원래 선하지만 인을 행할 수 있느냐의 여부는 주위 환경에 달렸다고 생각했다. 그리고 동시에 사람은 자신의 환경을 결정할 능력이 있다고도 생각했다.

그는 "활을 만드는 사람은 갑옷을 만드는 사람보다 선하지 않은 사람인가? 활을 만드는 사람은 사람을 상하게 하지 못할까 봐 걱정하고 갑옷 만드는 사람은 사람이 다칠까 봐 걱정한다. 무당과 목수도 마찬가지다. 그러므로 직업을 선택할 때는 신중해야 한다. 공자는 인에 속한 것은 완전한 것이다. 자신이 선택한 것이 인에 속하지 않다면 어찌 지혜롭다 말할 수 있겠는가라고 했다. 인은 하늘이 내리는 높은 벼슬자리고 사람이 평안히 거할 수 있는 집이다. 그러므로 방해가 없는데도 인을 행하지 않는 것은 지혜롭지 못한 처사다. 인하지도 않고 지혜롭지도 않으며 예의도 없고 의를 지키지 않는 사람은 다른 사람에게 부림 받을 수밖에 없다. 하인이면서 다른 사람에게 부림 받길 부끄러워하는 것은 마치 활 만드는 사람이 활 만드는 것을 부끄럽게 여기는 것과 같고 화살 만드는 사람이 화살 만드는 것을 부끄러워하는 것과 같다. 만약 자신의 일에 부끄러움을 느낀다면 인을 행해라. 인을 행하는 사람은 활을 쏘는 사람과 같다. 활 쏘는 사람은 자신의 자세를 바르게 한 후에 활시위를 당긴다. 그리고 화살이 빗나간다 하더라도 자신을 이긴 사람을 원망하지 않고 자신에게서 그 잘못을 찾는다." 라고 말했다.

돌고 도는 역사 이야기

어느 날 석옥 선사(石屋禪師)가 머무는 방에 도둑이 들었다. 선사는 침착한 목소리로 물었다.

"당신은 누구신가?"

상대방은 솔직하게 자신은 도둑이라고 말했다. 선사는 웃으며 물었다.

"당신은 도둑질을 몇 번이나 했소?"

도둑은 "셀 수 없을 만큼 많이 했소."라고 대답했다.

선사는 다시 물었다.

"그러면 훔칠 때마다 그 기쁨은 얼마나 오래갔소?"

도둑이 대답했다.

"아무리 길어도 며칠 가지 않소. 기쁨이 오래가지 않으니 나는 곧 다시 도둑질을 할 수밖에 없소."

도둑의 대답을 들은 선사는 "왜 기쁨을 오랫동안 누릴 수 있는 도둑질을 하지 않는 것이오?"라고 물었다.

도둑은 깜짝 놀라 선사에게 물었다.

"스님도 도둑질을 해본 적이 있으시오?" 선사는 잠시 침묵하더니 "딱 한 번 훔쳤는데 평생토록 누리고 있소이다."라고 대답했다.

도둑은 기쁨에 가득 찬 얼굴로 황급히 선사에게 물었다.

"나에게 가르쳐줄 수 있소?"

선사는 도둑에게 자신 쪽으로 다가오라고 손짓하더니 갑자기 도둑의 가슴에 손을 대고는 큰 목소리로 말했다.

"이곳이 바로 보물이 있는 곳이오. 나도 여기서 도둑질한 것이라오."

선사의 갑작스런 큰 목소리에 깜짝 놀라 혼이 달아날 뻔했던 도둑은 순간 깨달음을 얻었다.

　외부에서 얻는 기쁨은 순간적인 것으로 언젠가는 사라지지만 자기 자신의 잘못을 되돌아보는 데서 진정한 기쁨을 얻을 수 있다는 것이었다. 도둑은 바로 그 자리에 무릎 꿇고 개과천선하겠노라 약속하고는 석옥 선사를 따라 참선했다.

한 치 길이의 나무도
높은 건물보다 더 높을 수 있다
方寸之木 高於岑樓(방촌지목 고어잠루)

맹자의 제자인 옥려자(屋廬子)는 성이 옥려이고 이름
은 연(連)이다. 어느 날 임(任)나라 사람이 옥려자를
찾아와 예(禮)와 먹는 것 가운데 무엇이 더 중요하냐고 물었다.

옥려자는 맹자가 항상 가르치는 내용을 떠올리며 아무 생각 없
이 "예가 더 중요하지요." 라고 대답했다.

그러자 임나라 사람이 다시 물었다.

"그렇다면 아내를 취하는 것과 예 가운데 무엇이 더 중요합니
까?"

옥려자는 또 "그래도 예가 더 중요하지요." 라고 대답했다.

임나라 사람이 진지하게 물었다.

"그럼 예를 지키면 굶거나 심지어 굶어죽을 수도 있고 반면에 예를 지키지 않으면 먹을 것을 구할 수 있다고 가정해봅시다. 그래도 예가 중요합니까? 또 예를 갖추어 아내를 구하면 아내를 취할 수 없고 반면에 그렇지 않으면 아내를 얻을 수 있다고 할 때 그래도 예를 지켜야 합니까?"

옥려자는 결국 대답을 하지 못했다.

이튿날 옥려자는 바로 추나라로 가서 맹자에게 임나라 사람의 질문을 그대로 전했다.

맹자는 그의 이야기를 듣고서 이렇게 대답했다.

"그 질문에 답하는 것이 뭐 그리 어렵단 말이냐! 예를 들어서 만약 기초의 높낮이를 따지지 않고 끝만 비교한다면 한 치 길이의 작은 나무도 높은 건물보다 더욱 높다고 할 수 있다. 또 쇠가 새털보다도 무겁다고 하지만 금 세 돈과 수레 한가득 실린 새털을 비교하면 뭐가 더 무겁겠느냐? 먹는 것의 중요함과 예절의 가벼움을 비교하면 먹는 것이 더 중요하지 않느냐! 또 부인을 얻는 것의 중요함과 예절의 가벼운 문제를 비교하면 부인을 얻는 것이 더 중요하질 않느냐! 너는 가서 그 사람에게 이렇게 대답해라. 형의 팔을 비틀어 먹을 것을 빼앗으면 먹을 수 있고 그렇지 않으면 먹을 것을 얻지 못한다고 할 때 형의 팔을 비틀겠는가? 또 이웃집 담을 넘어 그 집 여자를 안으면 아내를 얻고 그렇지 않으면 아내를 얻지 못한다고 할 때 이웃집 담을 넘어가 남의 여자를 안겠는가?'

돌고 도는 역사 이야기

어느 날 당나라의 중종(中宗)이 재상 소괴(蘇瑰)와 이교(李嶠)의 아들을 보고 싶으니 데려오라고 명했다. 두 사람의 아들들은 아직 어린 아이들이었다. 중종은 아이들에게 많은 선물을 주고 머리를 쓰다듬으며 말했다.

"너희가 읽은 책의 내용을 나에게 말해다오."

소괴의 아들 소정(蘇頲)이 먼저 말했다.

"목종승즉정(木從繩則正) 군종간즉성(君從諫則聖)."

말인즉슨 나무를 자를 때는 먹줄을 사용해야 곧게 잘라지고 임금이 나라를 다스릴 때 간언을 받아들이면 성군이 된다는 뜻이다. 이교의 아들은 소정의 구절에 두 구(句)를 덧붙였다.

"작조섭지경(斫朝涉之脛) 부현인지심(剖賢人之心)."

이교의 아들이 붙인 구절은 상(商) 주왕(紂王)에 관한 이야기였다.

추운 겨울날 아침 한 노인이 맨발로 강을 건너는 것을 본 상주왕은 '노인의 뼈는 다른 사람과 달리 추위를 견딜 수 있는 뼈인가 보다'라고 생각했다.

그러더니 사람을 시켜 그 노인의 뼈를 잘라 살펴보라는 것이 아닌가! 이에 대신 비간(比幹)이 명을 거두어달라고 간청했으나 상주왕은 오히려 불같이 화를 내며 "성인의 심장은 구멍이 일곱 개라는데 당신의 심장도 구멍이 일곱 개 있는지 봐야겠소."라고 말하고 비간을 죽여 심장을 확인했다.

두 아이의 이야기를 다 듣고 나서 중종이 말했다.

"이 아이들은 한 치 길이의 작은 나무와 높은 건물처럼 서로 비교가 되지 않는구나. 소괴는 아들이 있지만 이교는 아들이 없는 것이나 마찬가지로다."

02
바람 앞의 등불이로다

할 수 없는 것이 아니라
하지 않는 것이다
非不能也 是不爲也(비불능야 시불위야)

 어느 날 한 사람이 제사에 쓸 소를 끌고 당(堂)을 지나가고 있었다. 그는 이 소를 죽여서 그 피를 제사용 종에 바를 생각이었다. 그런데 때마침 당상에 앉아 있던 제 선왕이 무고한 소를 죽이는 것을 차마 못 보겠다며 양으로 바꿔서 제사에 쓰라고 했다. 그러자 사람들은 제 선왕이 소를 쓰는 것이 아까워 그러는 것이라고 수군댔다.

맹자는 이 일을 듣고 선왕 앞에 나아가 말했다.

"소가 죽는 것을 볼 수 없어 양으로 바꾸라고 하셨는데 소와 양이 다를 것이 무엇입니까? 폐하께서는 소가 끌려가는 것을 보고 차마 죽는 것을 볼 수 없으셨던 것입니다. 이런 마음은 왕이 반드시

지녀야 할 마음가짐입니다."

그리고 이어서 맹자는 안쓰러워하는 마음과 왕의 도리에 대해 이야기했다.

"지금 폐하께서는 이미 소와 양에게까지 안쓰러움을 느끼지만 백성을 안쓰럽게 여겨 인정을 베풀지는 못하고 있습니다. 백성에게 은혜를 베풀지 못한다면 왕이 될 수 없습니다. 이는 백성을 사랑할 능력이 모자라서가 아니라 바로 마음이 부족하고 노력이 부족하기 때문입니다."

그러자 제 선왕은 이해가 되지 않는다는 표정으로 물었다.

"능력이 없는 것과 노력이 부족한 것은 어디에서 차이가 나는가?"

이에 맹자가 대답했다.

"옆에 태산을 끼고 바다를 건너는 문제에 대해 나는 할 수 없다고 하는 것은 정말로 할 수 없어서 그리 이야기하는 것입니다. 하지만 어른에게 허리를 굽혀 예를 갖추는 문제에 대해 나는 할 수 없다고 하는 것은 그럴 마음이 없어서 노력할 생각이 없다는 뜻입니다. 왕이 되어 천하를 다스리지 않는다는 것은 태산을 끼고 바다를 건너는 것처럼 불가능해서 못하는 것이 아니라 어른에게 허리를 굽히지 않는 것처럼 하기 싫어서 하지 않는 것입니다."

맹자는 더 나아가 "집안 어른을 존경하는 마음으로 다른 집 어른을 존경하고 자기 아이를 사랑하는 것처럼 다른 집 아이를 사랑하는 분위기를 전 사회로 퍼져나가게 할 수 있다면 천하를 폐하의 손바닥 위에 놓고 마음대로 움직이실 수 있습니다."라고 말했다.

돌고 도는 역사 이야기

당나라 때, 몇 대에 걸쳐 삼공을 배출한 명문가에 루사덕(婁師德)이란 자손이 있었는데 그 역시 조정에서 중요한 관직을 맡았다. 후에 아우가 대주(代州) 태수로 가게 되어 루사덕에게 작별 인사를 하러 찾아왔다.

루사덕은 "우리 집안은 조정의 은혜를 많이 입었고, 우리 두 형제도 모두 관직을 맡고 있다. 하지만 많은 사람들이 명문가 집안의 아들들은 제멋대로라고 생각하니, 너는 앞으로 항상 이 점을 유념해 우리 가문의 명예에 먹칠하지 않도록 많이 참아야 한다."고 당부했다.

그의 아우가 대답했다.

"저도 잘 알고 있습니다. 다른 사람이 제 얼굴에 침을 뱉는다 해도 아무 말 없이 닦고 말겠습니다."

그 말에 루사덕은 고개를 저으며 말했다.

"그렇게 해서는 안 된다. 닦을 수 없어서 못 닦는 것이 아니라 닦으면 안 되는 것이야. 네가 그걸 닦아내면 뱉은 그 사람이 뭐가 되겠느냐? 만약 누가 너의 얼굴에 침을 뱉으면 그 침이 자연히 마르도록 그냥 놔두어라. 그렇게 하면 그것은 사람이 할 수 없는 일이 아니라 하기 싫어서 하지 않는 일이 된다."

이 일화에서 루사덕의 사람됨을 알 수 있다.

한편, 같은 시대를 살았던 이소덕(李昭德)은 작은 일에도 화를 잘 내고 말을 함부로 내뱉는 사람이었다. 어느 날 루사덕과 이소덕이 함께 입궐할 일이 있었다. 그런데 루사덕은 키가 크고 몸이 비대한데다 한쪽 다리를 절어서 걸음이 느렸다.

함께 걸어야 하는데 속도가 자꾸만 느려지자 성격 급한 이소덕은 루사덕에게 "이 시골 영감!" 이라고 쏘아붙이고 말았다.

하지만 루사덕은 전혀 기분 나빠 하지 않고 오히려 허허 웃으며 "왜 부르시오? 그래, 내가 시골 영감이 아니면 누가 시골 영감이겠소?" 라고 대답했다.

부모의 명령, 중매쟁이의 말
父母之命 媒妁之言(부모지명 매작지언)

전국시대 위(魏)나라 사람인 주소(周霄)가 어느 날 맹
자를 찾아와 말했다.

"옛 군자들은 벼슬을 했습니까?"

그러자 맹자는 대답했다.

"벼슬을 했소. 옛 기록에 보면 '공자는 석 달 동안 섬길 임금이
없으면 초조해하고 국경을 벗어날 때는 반드시 예물을 싣고 그 나
라 왕을 알현했다' 라고 되어 있소." 라고 대답했다.

그러자 주소는 "국경을 벗어날 때 반드시 예물을 싣고 그 나라
왕을 알현했다고 하는데 그 이유는 무엇입니까?" 라고 물었다.

이에 맹자는 오히려 되물었다.

"선비가 벼슬하는 것은 농부가 농사짓는 것과 같소. 농부가 국경을 벗어난다고 해서 농기구를 버릴 수 있소?"

주소는 다시 물었다.

"우리 위나라도 벼슬살이를 할 만한 나라입니다. 하지만 벼슬살이가 그렇게 급하다는 것은 들어본 적이 없습니다. 벼슬하는 것이 그리도 급한데 군자가 쉽게 벼슬을 하지 않는 이유는 무엇입니까?"

그러자 맹자가 대답했다.

"모든 부모의 마음은 아들이 태어나면 그를 위해 아내를 얻어주고 싶고 딸이 태어나면 그를 위해 남편을 얻어주고 싶어 하는 법이오. 그러므로 부모의 명령이나 중매쟁이의 말을 듣지 않고 담에 구멍을 뚫어 서로 몰래 보며 또 담을 넘어 몰래 만난다면 부모나 세상 사람들 모두 그를 무시할 것이오. 옛 군자들은 관직에 오르고 싶어 하지 않은 게 아니라 옳지 않은 방법으로 벼슬하는 것을 미워했던 것이오. 옳지 않은 방법으로 벼슬하는 것은 벽에 구멍을 뚫고 서로 엿보는 것과 같다오."

돌고 도는 역사 이야기

소동파(蘇東坡)의 첫째 부인 왕불(王弗)은 생활에 큰 도움이 되는 존재였다.

1054년, 아직 과거를 보기 전인 열여덟 살 젊은 청년 소동파는 열다섯 살인 왕불을 아내로 맞이했다. 비록 그들의 혼인은 누구나 그러하듯 부모의 명과 중매쟁이에 의해 맺어진 것이지만 두 사람은 정을 깊이 나누었고 왕불은 총명함과 사려 깊은 마음으로 소동파의 곁에서 항상 도움을 주었다.

그녀는 남편이 열심히 공부한다는 것을 잘 알아 온종일 그의 옆을 떠나지 않고 지켰다. 소동파가 혹여 책의 내용을 잊어버려 답답해할 때면 왕불이 옆에서 상기시켜주었다. 또한 그녀는 다른 책의 내용도 전부 기억하고 있었다.

소동파는 "하늘 아래 나쁜 사람은 없다"며 자신과 교제하는 모든 사람들을 다 좋은 사람이라 여겼다.

그런 소동파였기에 왕불은 그가 만나는 사람들이 어떤 사람인지 알아보려고 남편이 사람을 만날 때마다 뒤에 숨어서 조용히 대화를 들었다.

어느 날은 방문한 손님이 떠나자 왕불은 "방금 그 사람은 말을 주저하고 우물쭈물하며 대화 내내 당신이 무엇을 말하는지에만 관심을 기울이더군요. 그런 사람과 시간을 낭비해서 무엇을 하시렵니까?" 라고 따끔히 충고했다.

소동파와 왕불은 11년을 함께 살았다. 1065년 5월 8일에 왕불이 스물여섯 살의 젊은 나이로 세상을 떠났는데 소동파는 그녀가 죽은 뒤에도 그녀를 가슴에 묻고 잊지 못했다.

부유하거나 가난하더라도
마음을 움직이지 않는다
富貴不能淫 貧賤不能移(부귀불능음 빈천불능이)

 경춘(景春)은 전국시대에 유명한 종횡가(縱橫家)다.
종횡가는 전국시대에 합종연횡(合從連橫, 중국 전국
시대의 최강국인 진(秦)·연(燕)·제(齊)·초(楚)·한(韓)·위(魏)·
조(趙) 6국 사이의 외교 전술-역주)에 힘쓰던 외교가이자 전략가
로 그 전략적 주장에 따라 종횡파와 연횡파로 나뉜다.

하루는 경춘과 맹자가 대장부에 대한 이야기를 나누었다.

경춘은 맹자에게 "공손연(公孫衍)과 장의(張儀)는 진정한 대장
부 아닙니까? 그들이 화를 내면 제후들조차 두려워하고 그들이 조
용하면 천하가 태평하니 말입니다."라고 물었다.

경춘이 말하는 장의는 연횡파의 대표적 인물로 진(秦)나라에 충

성하며 6국의 연합을 흩어버리고 여러 나라를 공격하는 등 진나라를 강성하게 하는 데 힘썼다. 공손연 역시 진나라의 연횡파에 속했으나 이후 위나라로 건너가 오히려 6국 연합에 힘을 쏟았다. 각각 연횡파, 합종파인 장의와 공손연은 전국시대에 천하를 주무르며 제후들에게까지 그 영향력을 미쳤다.

그런 이유로 경춘이 장의와 공손연에게 탄복하며 이들을 대장부라고 칭한 것이었다.

그러나 맹자는 경춘의 말에는 아랑곳하지 않고 이렇게 말했다.

"그것이 어찌 대장부라는 것이오? 당신은 예절에 대해 배워본 적이 없소? 남자가 관례를 할 때 아버지가 훈계하고 여자가 시집갈 때 어머니가 훈계하며 문 밖까지 배웅하고 말하기를 시집을 가거든 공경하고 조심하며 남편의 뜻에 어긋남이 없도록 하라고 하지 않소? 순종을 도리로 삼는 것은 단지 여자가 지켜야 할 도리이오. 반면에 대장부라면 마땅히 천하라는 넓은 집, 즉 인(仁) 속에 살고 가장 바른 자리, 즉 예(禮)에 머물며 천하에서 가장 넓은 길, 즉 의(義)를 걸어야 하오. 만약 이것을 행하여 뜻을 이루면 백성과 함께 이 길을 걸을 수 있고 만약 그렇지 않다면 혼자서 이 도를 행해야 하오. 그리하면 눈앞에 부귀가 다가와도 마음이 흔들리지 않고 가난에서 벗어나기 위해 마음을 바꾸지도 않으며 어떤 무력에도 의지를 꺾지 않으니 이를 바로 대장부라고 부르오."

돌고 도는 역사 이야기

남조(南朝) 시대의 학자 범진(范縝)은 몰락한 사대부집안의 자손이다. 송(宋)·제(齊)·양(梁) 시대를 살았던 범진은 젊은 시절에 유명한 학자인 유헌(劉獻)에게 지도를 받았다. 범진은 비록 늘 낡아빠진 옷차림이었지만 한 번도 자괴감에 빠진 적은 없었다. 오히려 열심히 학업에 매진해 가장 우수한 제자가 되었다.

507년, 범진이 유명한『신멸론(神滅論)』을 저술해 세상에 발표하자 조정은 이 책으로 말미암아 발칵 뒤집어졌다. 특히 신실한 불교 신자인 남제(南齊)의 승상(丞相) 소자량(蕭子良)이 불같이 화를 냈다. 그는 곧 불교를 심도 있게 다룬 스님들의 자료를 수집해 범진에게 대항하려 했지만 그에게 반박할 구체적인 예를 도저히 찾을 수가 없었다. 소자량은 어쨌든 그에게 지는 것이 분해 범진이 이치에 어긋난 신멸론으로 교화를 어지럽힌다는 죄명을 뒤집어씌웠으나 이러한 방법도 끝내 범진을 꺾지 못했다.

그 어떤 방법도 통하지 않자 소자량은 이번에는 자신의 심복 왕융(王融)을 보내 높은 관직을 미끼로 그를 설득하려 했다. 왕융은 범진에게 가서 설득조로 말했다.

"자네처럼 재능 있는 자는 중서랑(中書郎) 같은 높은 벼슬에 올라야 하네. 그런데 자네는 어찌 이렇게 도리에 어긋나는 신멸론으로 자신의 앞길을 가로막는가? 어서 그것을 포기하게!"

그러나 범진은 부귀나 가난에 흔들려 마음을 바꾸는 사람이 아니었다. 그는 왕융의 말을 듣고 크게 웃으면서 대답했다.

"나 범진이 만약 내 이론을 버리고 관직에 오르려 했다면 그까짓 중서랑이 아니라 벌써 상서령(尚書令)·중서령(中書令)이 되었을 것이오!"

그 말을 들은 왕융은 부끄러워 얼굴이 빨개진 채로 돌아갔다.

적은 인원이
많은 인원을 당해낼 수 없다
寡不敵衆(과부적중)

제 선왕이 맹자에게 세계를 지배할 수 있는 방법을 물
었다. 그러자 맹자는 그의 질문에 직접적으로 대답
하지 않고 오히려 질문을 던졌다.

"폐하께서는 추(鄒)나라와 초(楚)나라가 전쟁을 하면 누가 이길
것이라고 생각하십니까?"

제 선왕은 "당연히 초나라가 이기지요." 라고 대답했다.

이에 맹자가 말했다.

"그렇다면 작은 나라는 큰 나라를 대적하지 못하고 사람이 적으
면 많은 사람을 이기지 못하고 힘이 약하면 강자를 이길 수 없겠군
요? 지금 천하에 땅이 천 리에 이르는 나라가 아홉이 있는데 제나

라는 영토 전부를 다 끌어 모아야 겨우 그 중 하나를 차지할 수 있습니다. 하나로 여덟을 굴복시키는 것이 추나라가 초나라를 대적하는 것과 무엇이 다르겠습니까? 폐하께서는 인정(仁政)이라는 근본으로 돌아가야 합니다. 만약 폐하께서 법령을 선포하고 인정을 베풀어 온 천하의 벼슬하는 자들이 전부 폐하의 조정에서 벼슬하기를 바라게 하고 모든 농부가 폐하의 땅에서 농사짓기를 바라게 하며 모든 상인이 폐하의 나라에서 장사하기를 바라게 하고 또한 모든 나그네가 폐하의 길을 걷기를 바라게 한다면, 그리고 자신의 왕을 미워하는 사람들이 폐하에게 호소하러 온다면 폐하께서 천하를 다스리는 데 방해되는 것이 뭐가 있겠습니까?'

제 선왕은 맹자의 물음에 대답도 하지 못하고 그저 "머릿속이 혼란스러워 거기까지는 이해를 하지 못하겠소. 선생이 나에게 방법을 가르쳐주어 뜻을 이룰 수 있도록 도와주시오. 비록 나는 어리석은 자이나 한 번 시도해 보겠소."라고 말했다.

돌고 도는 역사 이야기

이광(李廣)은 서한(西漢) 시대의 명장으로 용감하고 계략이 뛰어난 사람이었다.

어느 날 흉노족이 상군(上郡)을 공격해와 경제(景帝)는 이광의 군대에 출격하라는 명을 내리려고 측근을 보냈다. 기병 십여 명만 데리고 길을 떠난 이 측근은 도중에 흉노족 군사 세 명과 맞닥뜨리고 말았다. 그 결과 측근은 심각한 부상을 입었고 기병들도 모두 활에 맞아 죽었다.

간신히 홀로 도망친 측근이 마침내 이광의 군영에 도착해 정황을 고하자 이광은 즉시 기병 백여 명을 이끌고 그 흉노족을 쫓아가 두 명은 죽이고 한 명은 생포했다.

사로잡은 포로를 말에 묶어 끌고 가는데 어떻게 알았는지 흉노족 군사 수천 명이 쫓아왔다. 그런데 이광의 군대를 보고 자신들을 유인하러 온 기병인 줄로 착각했는지 갑자기 높은 곳으로 올라가 진을 세우는 게 아닌가.

한편 이광의 군대도 사실은 몰려온 흉노족의 규모를 보고 놀라 도망가려고 했다. 그때 이광이 큰 소리로 외쳤다.

"우리는 지금 저들과 멀리 떨어져 있다. 만약 우리가 수적으로 열세라 생각해 도망간다면 저들은 우리 상황을 눈치 채고 바로 포위 공격을 해올 것이다. 확실히 우리의 적은 수로는 분명히 저들을 이길 수 없다. 그러나 또 반면에 우리가 도망가지 않고 태연하게 대처하면 흉노족은 아마 자신들보다 더 많은 우리 군이 근처에 있을 거라고 생각해 선불리 공격해오지 않을 것이다."

말을 마친 이광은 병사들을 데리고 흉노족 진영에서 1킬로미터 정도 떨어진 곳으로 가 말안장을 풀고 휴식을 취했다. 그러자 과연 흉노족은 이광의 의도를 전혀 알아채지 못하고 군대를 철수해 돌아갔다. 그 일이 있은 후로 흉노족들은 이광을 '한나라의 비장군(飛將軍)'이라 불렀다.

몇 년 후 흉노족은 요서(遼西) 태수를 죽이고 한안국(韓安國)을 이기는 등 승승장구했다. 하지만 한 무제(武帝)가 이광을 우북평(右北平) 태수로 임명했다는 소식을 듣고는 몇 년간 그 근처에는 얼씬도 하지 못했다.

고독하여 의지할 데 없는 사람
鰥寡孤獨(환과고독)

 어느 날 제 선왕이 맹자에게 가르침을 구했다.

"사람들이 나에게 명당을 헐어버리라고 하는데 선생께서도 내가 명당을 헐어야 한다고 생각하시오?"

명당은 과거에 예를 갖춰 제사 지내기 위해 지은 곳으로 왕은 자주 명당에서 제후들을 불러 명령을 내리기도 하고 제사를 지내기도 했으며 명당의 건축 형식 또한 상징적인 의미를 지니고 있었다. 제 선왕이 말하는 명당은 주(周)나라 시대에 왕이 동쪽을 둘러보러 오면서 태산에 지은 명당을 뜻했다.

세월이 흐르면서 제나라 시대 때는 이미 왕의 순행이 사라졌기에 명당을 없애자는 이야기가 나온 것이었다.

맹자는 왕의 이야기를 듣고 정색하며 대답했다.

"명당은 왕들의 전당입니다. 폐하께서 왕정을 행하려 하신다면 명당을 헐어서는 안 됩니다."

선왕은 "선생께서 내게 왕정에 대해 이야기해주겠소?"라고 물었다.

맹자는 "옛날에 문왕이 기(岐)를 다스릴 때 농사짓는 사람들에게서는 세금을 10분의 1만 거두었고 벼슬하는 사람들에게는 대대로 녹을 주었습니다. 관문이나 시장에서 사정을 조사하긴 했으나 세금을 거두진 않았고 호수에서 물고기 잡는 것을 금하지 않았습니다. 죄 있는 자를 벌할 때도 벌이 그의 처자식에게까지 미치지 않았습니다. 늙어서 아내가 없는 것을 환이라 하고, 늙어서 남편이 없는 것을 과라고 하며, 늙어서 자녀가 없는 것을 독이라 하고, 어려서 부모를 잃은 것을 고라 합니다. 이 네 부류의 사람들은 천하에서 가장 어렵고 의지할 곳이 없는 사람입니다. 문왕이 정치를 할 때도 이 네 부류의 사람들을 제일 우선적으로 생각하셨습니다."라고 말했다.

제 선왕이 말했다.

"좋은 이야기오!"

당시 맹자가 말했던 네 부류의 사람들은 후에 그 범위가 확장되어 오늘날 말하는 '환과고독(鰥寡孤獨)'은 능력이 없어 혼자 생활하지 못하나 돌봐주는 이가 없는 사람들을 모두 포함해 가리킨다.

돌고 도는 역사 이야기

한(漢)나라 때 한양(漢陽) 태수 방중달(龐仲達, 우리나라 자료에는 방삼(龐參), 혹은 방참이라는 이름을 사용—역주)은 마을에 임당(任棠)이라는 자가 심성이 곧고 은거하며 남을 가르치는 것을 즐거움으로 삼는다는 이야기를 들었다. 마침 방중달은 지혜로운 자를 찾고 있던 터였고 본래 인재를 반기는 사람이었기에 한걸음에 임당에게 달려갔다.

임당은 집에서 책을 읽고 있었는데 태수가 온 걸 알고도 그에게 인사하지도 않고 또 말을 건네지도 않았다. 그러다가 갑자기 염교(백합과의 여러해살이 풀—역주)와 물 한 사발을 들고 와 병풍 앞에 놓더니 손자를 안고 문 앞에 쪼그리고 앉아 아이와 놀아주었다.

태수와 함께 임당을 찾아온 한 측근이 그 모습을 보고 화가 나 태수에게 말했다.

"이 사람은 너무 무례합니다!"

하지만 방중달은 오히려 "그는 절대 거만한 사람이 아니다. 지금 행동은 나에게 벼슬하는 도리를 암시해주는 것이다. 좋은 방법을 쓰는구나!" 라며 기뻐했다.

이어서 방중달은 잠시 생각에 잠겼다가 측근에게 말했다.

"임당은 예의가 없는 사람이 아니라 나에게 무언가를 말해주고 있는 게야. 맑은 물을 떠 온 것은 내가 더욱 청렴해져야 한다는 뜻이고 염교를 들고 온 것은 마을에 있는 양반들을 엄중하게 다스리라는 뜻이며 아이를 안고 문 앞에 앉은 것은 의지할 곳 없는 불쌍한 이들을 먼저 돌보라는 뜻이다!"

임당의 지혜에 깨달음을 얻은 방중달은 이후로 늘 임당의 암시를 떠올리며 청렴하게 고을을 다스렸다. 또한 가난한 이들을 돕고 세력만 믿고 횡포를 부리는 양반들을 엄중하게 대하며 인정과 후덕한 정치를 펼쳐 오랫동안 백성들에게 존경받았다.

크고 강한 기
浩然正氣(호연정기)

 공손추가 맹자에게 물었다.

"스승님께서는 무엇을 잘하십니까?"

그러자 맹자가 대답했다.

"나는 다른 사람의 말을 잘 판단하고 나의 호연지기를 잘 기르고 있네."

공손추가 다시 물었다.

"호연지기란 무엇입니까?"

이에 맹자는 "호연지기란 말로 설명하기 어려운 것이라네. 이것은 크고 강한 힘이 있어 상하지 않게 하면서 올바르게만 기른다면 온 천하에 충만해질 것이야. 하지만 호연지기는 반드시 인정과 도덕과 함께 어우러져야 하네. 그렇지 않으면 그것이 힘을 잃게 되기 때문이지. 그리고 호연지기는 언제나 의와 도와 함께 생겨나는 것이라서 우연히 행한 정의로운 행동으로는 얻을 수 없네. 일단 자신의 행위에 조금이라도 부끄러운 점이 있다면 이 힘은 금방 시들어버리지. 그러므로 고자(告子)가 의를 알지 못한다고 한 것은 그가 의를 밖에 있는 것으로 보기 때문이라네. 우리는 계속해서 의를 길러야 하고 마음속으로 잊지 않아야 해. 하지만 동시에 우리 의지대로 이것을 길러내려 해서도 안 되네."라고 대답했다.

여기서 말하는 고자는 전국시대 제자백가의 한 명으로, 논쟁의 한가운데에 있으면서 감히 권력에 대항했던 사람이었다.

그는 자주 사람들과 어울려 철학을 논했다. 『맹자-고자편』에 그의 수많은 어록이 기록되어 있으며 『묵자(墨子)-공맹(公孟)편』에도 등장한다.

돌고 도는 역사 이야기

당(唐) 대종(代宗) 때 곽자의(郭子義)의 아들 곽희(郭晞)는 빈주(豳州) 절도사 백효덕(白孝德)을 도와 외부의 침략을 막아내기 위해 군대를 이끌고 빈주로 갔다.

하지만 곽희가 이끄는 병사들은 규율이 흐트러져 대낮에도 서로 몰려다니며 무고한 백성들의 가게에 난입해 물건을 약탈하는 등 온갖 못된 짓을 일삼았다. 그 모습을 보면서도 백효덕은 곽희보다 벼슬이 낮았기에 감히 곽희 부대의 일에 참견할 수 없었다. 그때 빈주 근처 경주(涇州)에 자사(刺史)로 있던 단수실(段秀實)이 그 이야기를 듣고 홀로 찾아와서는 자기가 빈주의 도우후(都虞侯, 절도사나 관찰사 아래인 무관(武官)—역주)를 맡아 치안을 관리하겠노라 했다.

며칠 후 곽희의 병사가 술집에서 주정하다 가게 주인을 공격한 일이 생겼다. 이에 단수실은 소동을 피운 병사 열일곱 명을 즉각 잡아다가 처형했다. 그 소식이 부대에 퍼지자 곽희 부대의 병사들은 저마다 갑옷을 챙겨 입고서 단수실을 죽이러 가겠다고 소란을 피웠다. 그때 단수실이 칼도 차지 않은 채 늙고 병든 병사들을 이끌고 곽희의 부대로 찾아왔다.

병사들은 살기가 가득 찬 눈으로 단수실을 가로막았지만 그의 호연한 기에 눌려 감히 덤비진 못하고 곽희에게 단수실이 찾아왔다 보고했다. 곽희는 어서 그를 들이라고 명했다.

단수실은 곽희에게 인사한 다음 말했다.

"곽씨 가문의 공로는 참으로 커서 모든 사람들이 공경합니다. 하지만 지금 당신의 군대가 법도 모르고 날뛰고 있으니 이런 상황에서 나라가 어찌 어지러워지지 않을 수 있겠습니까! 만약 나라에 다시 혼란이 찾아온다면 그동안 당신들이 쌓아온 모든 공은 허망하게 무너질 것입니다."

곽희는 단수실의 말을 듣고 순간 깨달은 바가 있어 곧바로 병사들에게 말했다.

"속히 가서 모든 병사는 갑옷을 벗고 돌아가 쉬도록 하고 앞으로 소란을 피우는 병사는 모두 처형해버리겠다고 명령을 전해라."

왜 그렇게 말하는가
何出此言(하출차언)

맹자는 위엄 있고 고귀한 품격을 풍겨 사람들이 다가
가기 어려워했다. 이 점은 특히 제자들과의 관계에
서 더욱 두드러진다. 맹자는 제자들 앞에서 늘 엄격한 스승이었기
때문이다.

어느 날 맹자의 제자 악정자가 맹자를 보러 제나라에 왔는데 머
물 곳을 찾지 못해 도착한 날에 바로 맹자를 찾아가지 못했다. 이
튿날, 악정자가 찾아오자 그를 본 맹자는 불쾌한 얼굴로 말했다.
"자네도 나를 보러 왔는가?"

악정자는 맹자의 말투가 심상치 않다고 느꼈지만 이유를 알 수
없어 "스승님께서는 어찌 그런 말씀을 하십니까?"라고 되물었다.

그러자 맹자는 "자네, 제나라에 도착한 지 며칠이나 됐는가?" 라고 돌려 물었다.

그래서 악정자는 솔직하게 대답했다.

"어제 도착했습니다."

그 말을 듣고 난 맹자는 더욱 불쾌해하며 "그렇다면 내가 방금 물어본 말이 어찌 궁금하다는 것이냐?" 라고 말했다.

악정자는 그제야 비로소 맹자가 자신에게 화가 난 이유를 알았다. 제나라에 도착하자마자 제일 먼저 스승을 찾아뵙지 않았기 때문이었다. 악정자는 허둥지둥 변명했다.

"어제 스승님을 바로 찾아뵙지 않았던 것은 미처 머물 곳을 찾지 못했기 때문입니다."

그러나 맹자는 악정자의 변명에도 전혀 꿈쩍하지도 않고 쏘아붙였다.

"자네는 머물 곳을 찾은 후에 어른을 찾아뵙는 것이라고 배웠는가?"

그러자 악정자는 급히 자신의 잘못을 인정하고 맹자에게 용서를 구했다.

돌고 도는 역사 이야기

진(晉) 무제(武帝)가 세상을 떠난 후 태자 사마충(司馬衷)이 왕위를 물려받아 진(晉) 혜제(惠帝)로 불렸다. 그런데 그가 왕위에 오르고 나서는 아내 가후(賈後)가 모든 국정을 맡아 실질적인 정치를 했다. 진 혜제는 일은 전부 아내에게 맡겨놓고 여기저기 놀러 다녔다.

하루는 심심해진 진 혜제가 내시들을 데리고 어화원(禦花園)으로 경치 구경을 나갔다. 막 연못에 도착했을 때 어디선가 개구리 울음소리가 들렸다. 진 혜제는 내시들을 향해 물었다.

"방금 조그만 것이 우는 것을 보았는가?"

그러자 내시들은 "들었습니다. 그것은 개구리 울음소리입니다."라고 대답했다.

"그렇다면 저 개구리는 나라를 위해 우는가? 개인을 위해 우는가?"

내시들은 왕의 뜻을 이해할 수 없어 아무도 대답하지 못했다. 잠시 침묵이 흐른 후 한 내시가 대답했다.

"폐하, 만약 개구리가 궁 안에서 울면 나라를 위해 우는 것이고 개인의 집에서 울면 개인을 위해 우는 것이라고 할 수 있습니다."

그러자 진 혜제는 아리송한 얼굴로 고개를 끄덕였다.

일 년 뒤 전국에 심한 가뭄이 들어 수확할 식량이 없자 백성들이 하나둘 굶어죽었다. 신하들이 왕에게 이러한 사실을 알렸다.

"올해 가뭄으로 전국에 먹을 양식이 없어 죽어가는 백성이 늘고 있습니다."

진 혜제는 이해할 수 없다는 듯이 물었다.

"대신들은 어찌하여 나에게 그렇게 말하는 것이오? 식량이 없다면 고기를 넣고 죽을 끓여 먹으면 되지 않소? 그러면 굶어 죽는 일도 없을 것이오."

왕의 어리석은 대답을 듣고 신하들은 모두 어이없어 했다. 나라에 이렇게 바보 같은 질문만 하는 왕이 있으니 야심으로 가득 찬 사람들이 주변에 몰려들어 호심탐탐 나쁜 짓을 하려고 기회를 노리는 건 당연한 일이었다.

바람 앞의 등불
岌岌可危(급급가위)

어느 날 맹자의 제자 함구몽(咸丘蒙)이 물었다.

"옛말에 '덕이 높은 사람은 비록 왕이라도 그를 신하로 삼을 수 없고 아비도 그를 아들로 삼을 수 없다.' 라고 했습니다. 순이 임금이 되자 요는 제후들을 이끌고 와 그를 뵈었고 그의 아버지 고수(瞽瞍)도 그를 찾아뵈었습니다. 순임금은 고수를 보고 얼굴에 불안한 기색을 나타냈고 공자께서도 '지금은 천하가 몹시 위태롭다!' 고 했다는데 정말 그랬습니까?'

맹자는 "아니다. 그것은 군자의 말이 아니고 제나라 동쪽에 사는 일반 백성들이 말한 것이니라. 요임금이 늙자 순임금이 그 자리를 이었지. 『요전(堯典)』에 '순이 28년에 왕위를 이은 후 요임금이 돌아가셨다. 백성들은 모두 자신의 부모를 잃은 것처럼 슬퍼했고 삼년상을 치르는 동안 천하에 음악 소리가 끊겼다'라고 기록되어 있고 공자는 '하늘에 두 개의 태양이 없고 천하에는 두 임금이 없다'고 말했네. 순임금이 이미 천자가 되었는데 제후들을 이끌고 요임금의 삼년상을 치른다면 그것은 동시에 두 왕이 있는 것이지." 라고 대답했다.

그러자 함구몽은 "순임금이 요임금을 신하로 대우하지 않았다는 것은 알고 있습니다. 하지만 『시경(詩經)』에는 '하늘 아래 왕의 땅이 아닌 것이 없고 세상에 왕의 백성이 아닌 사람이 없다'고 나옵니다. 순임금이 이미 천자가 되었는데 아버지 고수가 그의 신하가 아니라는 것은 어찌 된 일입니까?'라고 물었다.

맹자는 대답하기를 "시경에서 말하는 것은 그런 의미가 아니라 나라 일이 너무 바빠 부모를 모실 수 없다는 것을 말하는 것일세. 다시 말해 시경의 의미는 '이것은 나라의 일이 아닌데 나 혼자 바쁘다'라네. 그러므로 시를 해석하는 사람은 글자에 집착해 말의 뜻을 해쳐서는 안 되고 말을 만드는 데만 신경 쓰느라 전체 시의 뜻을 해쳐서는 안 된다네. 자기의 깨달음으로 작가의 의도를 알아낸다면 그제야 비로소 시를 안다고 할 수 있지. 만약 말의 해석에만 얽

매인다면 『운한(雲漢)』에서 '주나라에 살아남은 백성이 하나도 없다'라고 한 것을 글자 그대로 '주나라에는 사람이 한 명도 없다'로 이해하게 되지 않겠는가! 효에서 가장 큰 효는 부모를 존경하는 것이고 부모를 존경하는 것에서 가장 큰 것은 천하가 되어 부모를 모시는 것이네. 천자가 된 사람의 아버지는 가장 존경받는 자리에 오르게 되니 가장 잘 모시는 것이라 할 수 있지. 『시경』에 '영원히 효를 행해야 하니 효도는 곧 법이다'라고 한 것은 바로 이를 뜻한다네. 또 『상서(尙書)』에서 '순임금이 공경하는 마음으로 아버지 고수를 찾아뵙고 또 고수를 만날 때는 조심스럽게 행동하니 고수도 순의 마음을 따랐다'라고 나오네. 이것으로 미루어볼 때 과연 아버지가 천자를 아들로 삼을 수 없는 것인가?'라고 했다.

돌고 도는 역사 이야기

춘추시대 향락에 젖어 살던 진(晉) 영공(靈公)은 9층 높이의 탑을 쌓는다며 백성을 동원하고 재물을 빼앗았다.

그러면서 신하들의 반대를 피하려 "누구든 나에게 충고하는 자가 있으면 바로 처형할 것이다."라고 으름장을 놓았다.

진 영공이 이렇게 자신의 즐거움을 위해 백성의 재물을 약탈하고 부려먹는다는 이야기를 듣고 순식(荀息)이 왕을 찾아갔다. 진 영공은 충고를 듣기 싫어 무장한 병사들을 불러와서는 순식이 충고하는 순간 그에게 활을 쏘라고 명령했다.

순식도 상황이 심각하다는 것을 잘 알고 있었지만 오히려 태연한 척하며 아뢰었다.

"왕이여, 제가 재미난 놀이를 하나 배웠는데 그것을 폐하께도 보여드리고 싶어 일부러 이렇게 찾아왔습니다."

진 영공은 그 이야기에 즉각 병사들의 무장을 해제시켰다. 순식은 진지한 표정으로 바둑돌 아홉 개를 쌓아올리기 시작했다. 그러고는 그 위에 달걀을 하나씩 쌓아올렸다. 주위에서 그 모습을 지켜보던 사람들은 놀라 숨을 멈추고 순식을 지켜보았고 진 영공도 깜짝 놀라 황급히 그를 저지하며 말했다.

"위험하네, 무너지겠어!"

순식이 침착한 목소리로 말했다.

"이것이 무엇이 위험하다는 것입니까? 이것보다 더 위험한 일도 있는 걸요."

그러자 진 영공은 "그게 뭔지 어서 나에게 말해보게나."라며 다그쳤다.

순식은 몸을 일으킨 후 침통한 표정으로 말했다.

"폐하께서 높은 탑을 쌓는 공사를 시작한 후 국고가 텅텅 비었으니 곧 이웃 국가들이 침략해올 것입니다. 현재 나라의 상황이 바람 앞에 놓인 등잔불 같으니 이 계란보다 더 위험한 상황이 아닙니까?"

그 순간 잘못을 깨달은 진 영공은 탄식하며 "나의 잘못으로 나라가 이 지경이 되었구나!"라고 말하고는 즉각 명령을 내려 공사를 중단시켰다.

집대성한 사람
集大成者(집대성자)

 춘추전국시대, 공자는 서주(西周)에서부터 상고(上古, 하(夏)·상(商)·주(周)·진(秦)·한(漢) 시대를 말함 —역주) 문화를 계승한 자요, 집대성한 자이다. 공자는 천하를 태평하게 하는 것을 자신의 사명으로 삼았고 당시 시대의 흐름을 주시하면서 사회의 전체적인 질서, 개인과 사회의 조화로운 발전, 백성이 즐겁게 생활하고 일할 수 있는 환경에 대해 깊이 고민했다. 또한 제사와 음악, 온화와 덕으로 교화하는 것과 백성을 최우선으로 생각할 것을 주장했으며 개방적인 사고방식으로 공자만의 독특한 사상 체계를 만들었다.

맹자는 이를 가리켜 말하기를 "백이는 성인 가운데 가장 깨끗한 사람이고 이윤은 성인 가운데 책임감이 가장 강한 사람이다. 그리고 유하혜는 성인 가운데 남과 조화를 가장 잘 이루는 사람이고 공자는 성인 가운데 시기를 가장 중시한 사람이다. 그래서 공자를 집대성한 사람이라고 부를 수 있다.

집대성이라는 것은 마치 음악을 연주할 때 큰 종을 울리는 것으로 시작해 옥경(玉磬)으로 끝내는 것과 같다. 큰 종의 소리는 선율이 시작되는 것이고 옥경이 울리는 소리는 선율이 끝나는 것이다. 선율의 시작은 지혜로 하는 것이고 선율의 끝은 성덕(聖德)으로 하는 것이다. 지혜는 기교로 비유되고 성덕은 힘으로 비유할 수 있다. 백 걸음 떨어진 곳에서 활을 쏠 때 화살이 표적까지 도달하게 하는 것은 힘이지만 과녁을 맞히는 것은 힘이 아닌 지혜다."라고 했다.

공자의 철학적 사상은 이미 중국인의 생활과 문화에 깊숙하게 뿌리 내리고 있고 이천 년이 넘는 세월 동안 중국인의 정신적 바탕이 되었다.

또한 세계에 흩어져 있는 많은 사람에게도 그 영향을 미치므로 맹자가 공자를 가리켜 '집대성한 자'라고 부르는 것이다.

돌고 도는 역사 이야기

주희(朱熹)는 자가 원회(元晦)이고 후에 중회(仲晦)로 바꾸었다. 그리고 호는 회암(晦庵)이다. 본적은 강서 무원(婺源)이고 복건(福建)성 남평용계(南平龍溪, 우리나라 자료에는 우계(尤溪)라고 되어 있음 – 역주)에서 태어났다. 그는 남송시대의 유명한 철학자이자 교육자였다.

주희는 비각수찬(秘閣修撰) 벼슬을 지낸 적이 있으며 학문에 많은 관심을 기울여 경학(經學)·사학·문학·악률(樂律)·자연과학 등 다양한 분야에 공헌했다. 그리고 북송 정호(程顥)의 이학(理學)을 계승하고 객관유심주의(客觀唯心主義) 체제를 완성했다.

그래서 주희는 송대의 이학을 집대성한 자라고 할 수 있다. 그의 저서로는 『사서장구집주(四書章句集注)』와 『시집전(詩集傳)』 등이 있다. 그는 백록동서원(白鹿洞書院)에서 학생들을 가르쳤고 아호서원(鵝湖書院)을 만드는 등 오십여 년을 한결같이 교육에 몸담았다.

한편 만년에는 그의 학설이 위학(僞學, 거짓 학문 – 역주)이라고 비판받기도 했다. 경원(慶元) 4년(1198년), 송(宋) 영종(寧宗)은 위

학을 하는 자들은 하루빨리 학문을 버리라고 명하고 거짓 학문을
일삼는 사람들의 이름을 올린 『위학역당적(僞學逆黨籍)』을 펴냈다.
그 명단에는 재상에서 선비까지 모두 오십구 명의 이름이 올라가
있었는데 주희의 이름도 있었다. 이로 말미암아 주희는 다시는 제
자들, 오랜 친구들과 교제할 수 없었다. 그는 그렇게 외로이 홀로
싸우는 상황에서도 굽히지 않고 계속 학생을 가르치다가 1200년에
세상을 떠났다.

그 후 1209년이 되어서야 주희는 명예를 되찾았다. 보경(寶慶) 3
년(1227년), 송 이종(理宗)은 주희를 태사(太師)로 추대하고 신국공
(信國公)으로 봉했으며 학자들에게 주희의 저서를 읽도록 널리 명
했다. 이때부터 주희를 대표 인물로 하는 이학은 중국의 중심 사상
중 하나가 되었다.

백성을 어렵고 위험한 상황에서
벗어나게 하다
解民倒懸(해민도현)

 어느 날 공손추와 맹자가 관중(管仲)과 안자(晏子)에 대해 이야기를 나누었다.

공손추는 "관중은 그의 왕이 패권을 장악하도록 했고 안자는 왕이 명성을 떨치도록 했으니 마땅히 이들을 본받아야 하는 것 아닙니까?"라고 물었다.

그러자 맹자는 "제나라와 같은 대국이 천하를 다스리는 것은 손바닥 뒤집는 것만큼이나 쉬운 일이다."라고 대답했다.

공손추가 다시 물었다.

"그렇다면 저는 더욱 이해가 가지 않습니다. 문왕은 덕을 베풀며 백 년을 살았지만 인정이 온 천하에 미치지 못했고 무왕과 주공

(周公)이 그 뒤를 이은 다음에야 천하에 인정이 베풀어졌습니다. 선생님께서 천하를 다스리는 것이 쉽다고 하셨는데 그렇다면 문왕은 본받을 만한 분이 아닙니까?'

맹자가 대답했다.

"어찌 문왕과 비교할 수 있겠느냐?"

맹자는 상 탕왕에서 은(殷) 고종(高宗) 무정(武丁)에 이르는 역사를 나열하며 옛날과 지금을 비교했을 때 지금 제나라가 천하를 다스리는 것은 예전보다 훨씬 쉬운 일이라고 설명했다. 그리고 마지막으로 공자의 말을 인용했다. '덕이 퍼져나가는 것은 말을 타고 명령을 전달하는 것보다 빠르다.

오늘날 전차 만 승을 가진 대국이 어진 정치를 한다면 백성은 거꾸로 매달려 있다가 풀려난 것처럼 기뻐할 것이다. 그리고 하는 일은 옛사람의 반만 하고서도 그 효율은 배가 될 것이다. 이것은 오직 지금만 할 수 있는 일이다.'

돌고 도는 역사 이야기

617년 수(隋) 양제(煬帝)는 당 국공(唐國公) 이연(李淵)에게 태원(太原)을 지키도록 했다. 이연은 아들을 넷 두었는데 그 가운데 열여덟 살 된 둘째아들 이세민(李世民)이 가장 배짱 좋고 식견이 있었다. 손님맞이를 좋아하는 이세민은 평소 재능 있는 사람들과 잘 어울렸고 많은 사람들을 친구로 얻었다. 나라가 곧 망할 것이라 예감한 그는 군대를 일으켜야겠다고 마음먹었다.

이세민의 그런 마음을 잘 알고 있던 친구 유문정(劉文靜)은 "지금 왕이 멀리 강도(江都)에 계시니 곳곳에서 반란이 일어나고 있네. 그 중에 이밀(李密)이 동도(東都)까지 접근해 천하가 큰 혼란에 빠지고 백성들이 하루하루 불안에 떨고 있어. 내가 십만 군사를 모아줄 수 있네. 자네 부친에게도 몇 만 군사가 있지 않나? 이 군사들을 모아 장안(長安)을 공격하면 반년도 채 지나지 않아 천하를 얻을 수 있을 걸세." 라고 말했다.

그러나 이세민의 아버지 이연은 일을 크게 벌이는 것을 꺼리는 사람으로 그저 태원에서 평생을 안온하게 보내기만을 바라는 사람이었다. 그래서 이세민은 한 가지 묘수를 쓰기로 했다.

얼마 뒤 이연은 새로 들어온 아름다운 계집종이 마음에 쏙 들어 매우 총애했다. 그녀는 바로 이세민이 사 들여보낸 사람이었다. 어느 정도 시간이 흐른 후에 이연의 신임을 얻은 계집종은 기회를 살피다가 이연에게 사실대로 말했다.

"지금 천하가 어지러워 둘째 아드님이 백성들을 어려움 속에서 구하고자 병사를 모으고 있습니다. 혹 이 일이 실패한다면 온 가족이 몰살당할 것이니 대인의 의견을 듣고 싶사옵니다."

상황이 이렇게 되자 이연은 일에 동참하고 나서서 대장군 자리에 앉았다. 그리고 두 아들 이건성(李建城)과 이세민에게 좌우 군을 맡기고 유문정을 사마(司馬)로 삼았다. 그리고 자신의 휘하에 모인 병사들을 '의로운 군사'라 불렀다.

이렇게 해서 이연은 드디어 삼만 군사를 이끌고 진양(晉陽)을 떠나 장안으로 향했다.

책만 믿는다면
책이 없는 것만 못하다
盡信書不如無書(진신서불여무서)

 은상(殷商, 은나라와 상나라를 합쳐 이르는 말―역주)
말년, 왕위를 이은 지 사 년째 되는 해에 주 무왕은
상 주왕이 동쪽 오랑캐를 치러 나가서 수도 조가(朝歌)가 비었다는
소식을 듣고 상나라를 치러 출병했다.

주 무왕은 은나라 군대 말고도 연합한 여덟 개 민족의 군대를 이
끌고 목야(牧野)까지 치고 나갔다. 갑작스럽게 침략 소식을 접한
상 주왕은 남아 있는 병사와 전쟁 포로들을 급하게 모아 목야로 갔
다.

이렇게 대치한 상나라와 은나라는 비록 군대 규모에서 엄청난
차이가 났지만 매우 치열한 격투를 벌였다.

이 내용이 거론된 『상서(尚書)－무성편』에는 그 당시 매우 격렬한 전쟁이 벌어져 목야지역에 핏물이 강을 이루었다고 표현되어 있다. 심지어 그 전쟁으로 쏟아진 피가 흐르는 위에 나뭇가지가 둥둥 뜰 정도였다고 하니 피해가 얼마나 컸는지 충분히 짐작할 수 있겠다. 하지만 맹자는 이 기록을 믿지 않았다.

그래서 그는 '방망이가 뜰 정도'라는 표현은 극히 과장된 것이며 전혀 사실과 맞지 않다고 주장했다.

또한 맹자는 이를 두고 "책만 믿는 것은 책이 없는 것만 못하다. 나는 『무성』의 내용 중에서 단 두세 장만 믿는다. 상 주왕을 친 주무왕은 선한 사람이었고 오히려 은나라의 백성은 주왕을 미워하고 무왕을 옹호했다. 또한 주왕이 이끌던 군대는 내부에서 반란이 끊이지 않아 무왕이 쉽게 조가까지 칠 수 있었다. 그런데 어찌 그토록 참혹한 전쟁이 일어날 수 있겠는가?'라고 말했다.

돌고 도는 역사 이야기

명나라 시대의 유명한 약학자 이시진(李時珍)은 자는 동벽(東璧)이고 호는 빈호산인(瀕湖山人)이다. 그는 기주(州, 지금의 허베이(湖北) 기춘(蘄春)－역주)의 의사 집안에서 태어났다.

그의 부친 이언문(李言聞)은 당시 명의로 이름을 떨치고 있었다. 그래서 이시진은 어릴 때부터 부친을 따라 환자를 찾아가 병을 고치고 산을 돌아다니며 약초를 캤고 차츰 의학에 깊이 관심을 두기 시작했다.

한편 그는 스물두 살이 되던 해에 향시(鄕試, 과거(科擧)의 제1차 시험-역주)에 응했으나 낙방하자 벼슬자리에 올라 이름을 떨치려던 마음을 버리고, 대를 이어 의학에 전념하기로 했다. 이렇게 해서 본격적으로 의학에 뛰어든 이시진은 당시의 약물학 자료에서 부족한 점을 발견했다. 일단 분류가 조잡했고 내용의 오류도 많았으며 다양한 약물들이 기록되지 않아 새로 정리하고 보충할 필요가 있었다.

그래서 그는 송대 당신미(唐愼微)가 편찬한 『증류본초(證類本草)』를 기초로 하여 새로운 약물학 저서를 쓰기로 결심했다. 곧바로 계획에 돌입해 방대한 양의 옛 의학 서적들을 찾아 읽고 집에 있는 책도 다 읽은 그는 또 마을 유지들을 찾아가 책을 빌려 읽었다. 그 이후로도 이시진은 무창(武昌)의 초왕부(楚王府)와 북경의 태의원(太醫院)에 들어가 계속해서 책에 빠져 살았다.

하지만 이시진은 "책의 내용만 믿는 것은 책이 없는 것만 못하다."라는 이치를 잘 알고 있었다.

그래서 일부러 시간을 내어 하남(河南)·강서(江西)·강소(江蘇)·안휘(安徽) 등 곳곳을 두루 찾아다녔다. 이시진은 가는 곳마다 약초를 재배하는 농부들과 마을 사람들에게 가르침을 구하며 잘 알려지지 않은 다양한 약초와 민간요법을 찾아다녔다.

겸손하고 솔직한 그의 모습에 탄복한 많은 사람들이 그에게 큰 도움을 주었다. 심지어 어떤 이들은 자기 집안에만 대대로 전해 내려오는 비법을 알려주기도 했다.

이런 노력 덕분에 이시진은 책에는 나오지 않는 다양한 지식을 습득했고 수많은 약초와 민간요법을 모아 정리할 수 있었다.

무려 삼십 년이란 노력을 통해 마침내 이시진은 세계 과학사에 그 규모를 찾아볼 수 없는 약학서 『본초강목(本草綱目)』을 편찬했다.

03
즐거움과 근심을 함께한다

단호히 거절하다
拒人於千里之外(거인어천리지외)

 노나라 왕은 맹자의 제자 악정자에게 정치를 맡기려 했다. 이 소식을 들은 맹자는 무척 기뻐하며 잠도 제대로 자지 못했다. 그런 맹자를 보고 공손추가 물었다.

"스승님께서 기뻐하시는 이유는 악정자가 능력이 있어서입니까?"

맹자가 대답했다.

"아니다."

"그러면 그는 일을 깊게 생각하는 사람입니까?"

"아니다."

"그렇다면 스승님께서는 능력도 없는 악정자가 정치를 맡았다는데 어찌 잠도 못 잘 만큼 기뻐하십니까?"

맹자가 대답했다.

"그는 남의 좋은 의견을 잘 들어주고 명확한 의견을 제때 잘 받아들인단다."

공손추는 다시 "좋은 의견을 잘 듣기만 하면 정치를 하기에 충분합니까?"라고 물었다.

맹자는 스승의 말에 동의할 수 없다는 표정을 짓는 공손추를 보고 이번 참에 확실하게 가르침을 주어야겠다는 생각이 들었다. 그래서 맹자는 이렇게 말했다.

"너는 나라를 다스리는 데 가장 중요한 것이 무엇인지 아느냐? 그것은 바로 좋은 의견을 잘 들어주는 것이다. 여러 의견을 들어야 나라를 다스릴 때 여유를 가지고 거뜬히 일을 해낼 수 있는 것이니라. 만약 자신과 다른 의견을 받아들이지 않으면 그는 곧 교만해져 선한 의견을 단호히 거절하게 된다. 그렇게 해서 선한 사람을 천리 밖에 떨어져 있게 하면 반드시 나쁜 의도를 품은 사람들이 몰려들지. 주위에 온통 아첨하는 자와 참소하는 자들뿐인데 나라를 제대로 다스릴 수 있겠느냐?"

맹자의 이야기를 들은 공손추는 부끄러움에 고개를 숙인 채 아무 말도 하지 못했다.

돌고 도는 역사 이야기

무술변법(戊戌變法, 청나라 말기 강유위(康有爲)·양계초(梁啓超) 등이 중심이 되어 진행한 개혁 운동. 흔히 변법자강운동이라 불림―역주)의 대표 인물인 양계초는 진사(進士) 출신이다.

어느 해 봄 양계초는 광주(廣州)로 가서 양광총독(兩廣總督) 장지동(張之洞)을 방문했다. 당시 장지동은 신식 서원을 건설하고 양무(洋務, 19세기 후반 중국 청나라에서 일어난 근대화 운동. 서양 문물을 수용해 부국강병을 이루려했음―역주) 운동을 펼치던 인물이었다.

양계초는 무너져가는 청나라를 살리는 데 장지동에게 큰 기대를 걸었다.

양계초는 장지동에게 편지를 보내면서 끝에 '우둔한 아우 양계초가 머리를 조아립니다.' 라고 썼다.

이를 본 장지동은 매우 불쾌해하며 양계초에게 이런 내용의 답장을 써 보냈다. '일품 관복을 걸치고 웅대한 뜻을 품은 어리석은 자가 스스로 우둔한 아우라 칭하네.' 장지동의 편지 내용은 양계초에게 실로 매우 무례하고 오만한 것이었다.

　양계초 역시 만만치 않은 성격이었기에 바로 그 자리에서 답장을 써 장지동에게 보냈다. '천 리 길을 달리고 수많은 책을 읽은 협사가 뜻을 품으니 왕후장상도 두렵지 않네.' 그러나 그의 말투에는 조금도 거만하거나 비굴한 기색이 없었다. 또한 지극히 논리적이고 문체가 고상했다.

　양계초의 답장을 본 장지동은 그의 비범함을 느끼고 즉각 그를 맞이했다.

　그 후 호광(湖廣) 총독으로 임명된 장지동은 명성이 더욱 높아짐에 따라 오만함 역시 점점 심해졌다.

　한 번은 양계초가 장지동을 만나려고 강하(江夏)로 갔는데 장지동이 다시 그에게 편지를 써 보냈다. '중국의 4대 큰 강(동의 양자강(揚子江)·서의 황허(黃河)·남의 회수(淮水)·북의 제수(濟水) ─역주) 중에 양자강이 가장 크고, 춘하추동 사계절 가운데 여름이 두 번째 아닙니까. 그렇다면 선생이 있는 강하는 으뜸이겠소 두 번째겠소?' 이에 꾀 많은 양계초는 잠시 생각해보고는 기막힌 답장을 보냈다.

　'유교·불교·도교 가운데 유교가 가장 으뜸이고, 하늘·땅·

사람 가운데 사람이 가장 마지막입니다.

　저는 유인(儒人)이온데 어찌 감히 맨 앞에 서고 맨 뒤에 설 수 있겠습니까.'

　장지동은 그 편지를 몇 번이고 읽더니 무릎을 탁 치며 감탄했다.

　"이 자는 진정한 천하의 인재로구나!"

내용은 대체로 구체적이지만 형상과 규모는 비교적 작다

具體而微(구체이미)

 어느 날 공손추가 맹자에게 물었다.

"재아(宰我)와 자공(子貢)은 말에 능하고 염우·민자·안연은 덕행에 뛰어났습니다. 공자님은 이 두 가지를 모두 갖추셨지만 '나는 말을 잘하지 못한다'고 하셨습니다. 그리고 스승님께서는 다른 사람의 말을 잘 분석한다고 말씀하셨습니다. 그렇다면 스승님은 이미 성인이 되신 것 아닙니까?'

맹자는 "아니다! 그게 무슨 말인가! 옛날에 자공이 공자에게 '스승님은 성인이시지요?'라고 물었더니 공자께서는 '나는 성인이 될 수 없다. 단지 여전히 배움에 목마르고 가르치는 것이 지겹지 않을 뿐이다'라고 대답하셨다. 그때 자공은 '배움에 목마르다면 지식이 쌓이고 있다는 징조이고 가르치는 것이 지겹지 않으면 덕을 행하고 있는 것입니다. 이미 덕과 지혜를 모두 갖추었으니 스승님은 성인이십니다' 라고 말했다. 공자께서도 스스로 감히 성인이라 말하지 않으셨는데 내가 성인이라니 도대체 이 무슨 말인가?' 라고 말했다.

그러자 공손추는 다시 물었다.

"예전에 제가 이런 말을 들은 적이 있습니다. '자하·자유·자강은 성인의 특징을 일부만 갖추었고 염우·민자·안연은 성인의 특징을 모두 갖추었으나 아직 미약하다' 그렇다면 스승님은 어디에 속하십니까?'

맹자는 이미 앞서 대답을 했다고 생각해 "이 문제는 그만 이야기하자." 라고 말하며 끝맺었다.

돌고 도는 역사 이야기

한(漢) 무제(文帝)가 왕위에 오른 후 진평(陳平)은 "역대 왕들을 모실 때는 제가 주발(周勃)보다 공이 크지만 이번에 여(呂)씨 가문을 토벌하는 데는 주발의 공이 더 크므로 주발에게 가장 높은 벼슬을 주는 것이 어떻겠습니까?' 라고 말했다.

그리하여 한 무제는 가장 높은 벼슬인 좌승상에 주발을 그 다음인 우승상에 진평을 임명했다.

얼마 뒤 차츰 국정에 적응한 왕이 주발에게 해마다 죄인을 몇 명이나 처벌하는지 물었다.

주발은 "신은 잘 모르겠습니다." 라고 말했다.

그러자 왕은 다시 물었다.

"그렇다면 한 해 세금은 규모가 얼마나 되는가?"

다시 모르겠다고 말하는 주발의 등에는 식은땀이 흘렀다.

주발이 대답을 해내지 못하자 왕은 이번에는 진평에게 같은 질문을 했다. 진평은 주발과 달리 아주 태연하게 대답했다.

"각 부서에 그것을 담당하는 사람들이 있습니다. 폐하께서 형벌에 대해 궁금하신 것이 있으시거나 세금에 궁금한 것이 생기시면 담당하는 사람들이 폐하께 설명드릴 것입니다."

진평의 대답을 들은 한 무제는 좀 언짢아졌다.

"각 부서에 담당하는 사람들이 있다면 당신은 무엇을 담당하고 있소?"

진평은 여전히 당황하지 않고 침착하게 대답했다.

"저는 대신들을 관리합니다. 승상이란 벼슬은 작은 일을 담당하지 않고 폐하의 국정을 돕는 대신들을 담당합니다. 그리고 대신들은 각자 부서를 맡고 있지요."

간단명료한 진평의 대답에 한 무제는 매우 흡족해하며 나갔다. 왕이 나가자 주발은 씩씩거리며 진평에게 따졌다.

"자네는 나에게 왜 그런 이야기를 하지 않았는가?"

진평은 오히려 웃으며 "좌승상께서는 그 자리에 앉아 계시면서 어찌 자신이 무엇을 해야 하는지도 모르실 수 있으십니까? 만약 폐하께서 장안에 도둑이 몇 명이나 있느냐고 물으시면 그것조차 대답하시겠습니까?"라고 말했다.

이에 영원히 진평을 따라잡을 수 없다는 것을 느낀 주발이 좌승상 자리에서 물러나 진평만이 유일한 승상이 되었다.

임금이 신하를 흙이나 풀 같이 보면
신하는 임금을 원수 같이 본다

君視臣如土芥 臣視君如寇仇(군시신여토개 신시군여구구)

 맹자는 임금과 신하의 관계를 말할 때 '차등정의(次
等正義)'를 주장했다. 다시 말하면 높은 자리에 있는
사람은 자비와 선량함·정의·인애·인정을 원칙으로 삼아야 하며
만약 이 원칙들을 어기면 그것은 의롭지 못하게 되므로 밑에 있는
사람이 무조건 그에 복종하지 않아도 될 뿐만 아니라 오히려 대항
해야 한다는 뜻이다.

어느 날 맹자는 제 선왕에게 말했다.

"임금이 신하 보기를 손발같이 하면 신하도 왕을 자기 몸의 일
부로 여기고, 임금이 신하 보기를 개나 말같이 하면 신하 역시 임금
을 모르는 사람처럼 대하며, 임금이 신하 보기를 흙이나 풀같이 하

면 신하는 임금을 원수같이 보게 됩니다."

그러자 왕은 "예절에 관한 규정에 '관직에서 물러난 신하들은 전에 섬기던 임금을 위해 상복을 입는다'고 했소. 왕이 어떻게 해야 신하들이 왕을 위해 상복을 입겠소?'라고 물었다.

맹자는 이렇게 대답했다.

"관직에 있는 신하가 왕에게 충언을 하면 왕이 이를 들어야 하고 의견을 내었을 때도 왕이 이것을 받아들인다면 왕의 혜택이 온 백성에게 미치게 됩니다. 신하가 사정이 생겨 관직에서 물러나고 다른 나라로 간다면 왕은 사람을 보내 그를 국경까지 인도하고 그가 다른 나라에 도착하기 전에 미리 사람을 보내 그가 머물 곳을 마련해둡니다. 삼 년이 지나도 돌아오지 않으면 그제야 그에게 하사했던 땅과 집을 회수합니다. 이것을 세 가지 예라고 합니다.

왕이 이렇게 한다면 신하들은 왕을 위해 상복을 입으려고 할 것입니다. 그러나 지금은 신하가 충언을 해도 듣지 않고 의견을 내도 실행하지 않으니 혜택이 백성들에게 돌아가지 않고 사정이 있어 떠나려고 하면 왕이 그를 붙잡으며 그가 가는 곳에서 어려움을 당하도록 만듭니다. 또한 그에게 주었던 집과 땅을 그가 떠나가는 날에 당장 회수해버립니다. 이것을 원수라고 부릅니다. 이미 원수가 되었는데 어찌 상복을 입겠습니까?"

돌고 도는 역사 이야기

기원전 598년 제(齊) 경공(頃公)이 즉위하자 대신 고무구(高無咎)와 신하들은 함께 패를 짓고 최저(崔杼)를 위나라로 쫓아냈다. 제 경공이 세상을 떠난 뒤 왕위에 오른 영공(靈公)은 나라 밖에서 떠도는 최저를 다시 불러들여 대부로 임명했다. 최저는 곧 궁의 핵심 세력이 되었다. 하지만 다시 제 장공(莊公)이 즉위한 후 최저의 아내가 다른 나라와 밀통했다는 이유로 최저 일가는 몰살당했다.

이후 제 장공이 살해당했다는 소식이 전해지자 신하들은 자신들에게도 화가 미칠까 두려워 너도나도 도망가 버렸다. 하지만 안자(晏子)는 도망가지 않고 오히려 최저의 집에 갔다.

최저의 종이 안자에게 물었다.

"왕을 위해 목숨을 버리실 것입니까?"

"나 혼자만의 왕도 아니었는데 내가 왜 왕을 위해 목숨을 버리느냐?"

"그렇다면 도망가실 것입니까?"

"내가 왕을 죽인 것도 아닌데 이유 없이 왜 도망을 가느냐?"

"그렇다면 집으로 돌아가 소식을 기다릴 것입니까?"

"왕이 이미 죽었는데 내가 기다릴 소식이 어디 있겠느냐? 백성을 다스리는 왕의 지위에 있다면 마땅히 국정에 힘쓰고 나라를 보호해야 한다. 만약 왕이 나라를 위해 죽었다면 우리도 왕을 위해 죽어야 하고 왕이 나라를 위해 도망갔다면 신하들도 왕을 따라 도망가야 한다. 하지만 지금 우리의 왕은 자신의 욕심 때문에 죽었고 나는 왕을 가까이 하며 아끼던 신하가 아니니 내가 이 일에 책임을 지고 죽을 필요는 없다. 또한 왕이 신하를 흙과 풀같이 하찮은 존재로 여겼으니 신하 역시 왕을 원수처럼 생각한 것이다. 왕을 미워하던 사람이 왕을 죽였으니 내가 어찌 왕을 위해 죽고 또 왕을 위해 도망가겠느냐?"

말을 마친 안자는 최저의 집으로 들어가 장례를 치르고 새로운 왕을 세우는 데 사람들과 뜻을 함께 했다.

군자는 부엌을 멀리한다
君子遠庖廚(군자원포주)

 제 선왕은 자신이 죽으러 가는 소 대신에 양을 보낸 일에 대해, 맹자가 평가한 것을 듣고 곤란스러운 표정으로 말했다.

"나는 돈이 아까워 가격이 낮은 양으로 바꾸라 한 것이 아닌데 백성들은 내가 야박하다고 말하니 어쩌면 좋겠소?"

맹자는 따뜻한 목소리로 말했다.

"신경 쓰실 필요 없습니다. 그것이야말로 인을 실천하는 방법입니다. 그때 폐하께서는 소가 죽으러 가는 것은 보셨지만 양이 그리 되는 것은 보지 못하셨기 때문에 그리하신 것입니다. 군자는 짐승이 살아 있는 것을 보고 나면 차마 죽는 것을 보지 못합니다. 또한 짐승이 애처롭게 우는 소리를 듣고 나면 차마 그 고기를 먹지 못합니다. 그러므로 군자는 부엌과 멀리 떨어진 곳에 머물러야 합니다."

맹자의 이야기를 들은 제 선왕은 기뻐하며 말했다.

"『시경』에서 '다른 사람이 무엇을 생각하는지 나는 그것을 추측할 수 있다'라고 하더니 그 말은 바로 선생을 두고 말한 것이구려! 그때 명령을 내리고 나서 도대체 왜 그랬는지 나 자신도 알 수가 없었는데 선생의 말을 듣고 나니 마음이 시원해진 것 같소."

돌고 도는 역사 이야기

청나라 전영(錢泳)의 『이원총화(履園叢話)』에는 이런 이야기가 나온다.

산서 태원 남진사(南晉祠) 마을에 나귀고기 요리로 유명한 술집이 있었다. 이곳 요리는 맛이 아주 기가 막히게 좋아서 매일 수많은 사람이 찾아왔다. 사람들은 이 가게를 '여향관(驢香館, 나귀고기가 맛있는 가게 — 역주)'이라고 불렀다.

이 가게의 요리 방법은 상당히 잔인했다. 우선 땅에 나무 말뚝 네 개를 박고 통통하게 살이 오른 나귀의 네 발을 말뚝에 각각 묶는

121

다. 그런 다음 나무 작대기로 꼬리와 머리를 단단히 고정시켜 움직이지 못하게 한다. 그러고는 뜨거운 물을 부어 나귀의 몸을 씻기고 털을 깔끔하게 민다. 그리고 나서 칼로 살아 있는 나귀의 살을 도려내는 것이다. 손님이 나귀의 어느 부위를 먹고 싶다고 말하면 주인은 그 자리에서 요리한다. 손님들이 마음껏 먹고 배를 두드리며 가게를 나설 때쯤이면 나귀는 이미 숨이 끊어진 상태가 된다.

비록 어떤 사람들은 "군자는 부엌 근처에 가면 안 된다."라는 것이 유가 사상의 지나친 요구라 말하지만 이렇게 잔인한 요리 방법은 필경 사람으로서 해서는 안 될 일이다.

송대의 소동파는 잉어를 사면 생명을 다하고 죽을 때까지 기다렸다가 요리했다고 한다. 이는 인을 베푸는 방법의 하나라 하여 사람들에게 높은 평가를 받았다.

여향관은 십여 년을 장사했지만 건융(乾隆) 46년(1781년)에 어명으로 가게는 폐쇄되고 주인은 처벌 받았다. 어떤 이는 백성들 앞에 효시(梟示, 목을 베어 높은 곳에 매달아 놓아 뭇사람들에게 보임ㅡ역주)되었고 어떤 이는 군대로 끌려가 힘든 노동을 해야 했다. 그 이후 여향관을 여는 사람은 한 명도 나타나지 않았다.

사람들의 입에 오르내리다
膾炙人口(회자인구)

 증삼(曾參)과 그의 부친 증석(曾晳)은 공자의 제자이다. 생전에 양조를 즐겨 먹던 증석이 세상을 떠나자 효성이 지극한 증삼은 부친 생각에 차마 양조를 먹지 못했다. 이 소식을 들은 당시 사람들은 모두 증삼을 칭송했다.

전국시대에 와서 맹자의 제자 공손추는 맹자에게 이 일에 대해 질문했다.

"스승님, 구운 고기와 잘게 썬 고기, 양조 가운데 어느 것이 더 맛있습니까?"

"당연히 고기는 다 맛있지. 모든 사람들이 고기를 좋아하지 않더냐!"

"증삼과 그의 부친 증석도 고기를 즐겨먹지 않았습니까! 그런데 증삼은 어찌하여 양조만은 먹지 않은 건가요?'

"고기는 모든 사람들이 즐겨먹지만 양조는 자신의 부친만이 즐겨먹던 것이었다. 그래서 효성 깊은 증삼은 양조를 먹지 못한 것이야. 이것은 마치 성은 부르면서 이름 부르는 것은 꺼리는 것과 같은 이치다. 성은 모든 사람이 함께 쓰지만 이름은 혼자만 쓰기 때문이지."

맹자가 말한 이 '회자소동(膾炙所同)'은 훗날 '회자인구'라는 사자성어를 만들어냈다.

많은 사람에게 두루 읽히고 좋은 평을 받는 문장이나 시구를 "인구에 회자된다."고 한다.

돌고 도는 역사 이야기

서진(西晉)의 작가 좌사(左思)는 어릴 때 공부도 못하고 악기도 제대로 다루지 못했으며 말을 좀 더듬기까지 했다.

그의 부친 좌옹(左雍)은 그런 아들을 똑똑하지 못하다고 여겨 자신의 친구들 앞에서 "이 아이는 나 어릴 때에 비하면 한참 모자라지요!"라고 말했다.

아버지의 말에 수치심을 느낀 좌사는 이를 악물고 공부에 전념해 이후 수려한 문장들을 많이 써냈다.

좌사는 사람들과 어울리는 것을 싫어하고 항상 조용히 혼자 있었다. 그리고 비록 문장을 쓰는 속도는 빠르지 않았지만 한 자 한 자에 엄청난 노력을 기울였다.

이후 그의 여동생 좌분(左芬)이 입궁하자 그는 저작랑(著作郞, 문서의 초안을 맡아보던 벼슬―역주)으로 임명되어 경성(京城) 낙양으로 거처를 옮겼다.

어느 날 좌사는 『삼도부(三都賦, 삼도는 위(魏)·오(吳)·촉(蜀) 세 나라의 도읍을 가리킴)』를 쓰기로 계획했다. 그는 매일 글을 쓰기 위해 고심했고 정원을 걸을 때나 심지어 화장실에 갈 때까지 펜을 놓지 않았다. 그리고 좋은 글귀들을 생각해내거나 보게 되면 그때그때 기록해 두었다. 그렇게 십 년을 노력한 끝에 좌사는 마침내 『삼도부』를 편찬했다.

당시 낙양에 거주하던 또 다른 작가 육기(陸機) 역시 『삼도부』를 쓰려고 했다. 그는 좌사가 이미 삼도부를 쓰기 시작했다는 소식을 듣고 속으로 좌사를 비웃었다. 그가 동생 육운(陸雲)에게 보낸 편지에 이런 말이 나온다.

"하늘 높은 줄 모르는 어리석은 자가 『삼도부』를 쓰겠다고 나서는구나. 과연 누가 그의 글을 읽겠느냐. 아마 그 책은 술병을 막는 데나 쓰일 것이다!"

하지만 좌사가 쓴 『삼도부』는 사람들의 입에 오르내리면서 빠른 속도로 전파되었고 크게 유행했다. 경성에 사는 선비들과 관리 가문의 자제들이 너도나도 좌사의 책을 베껴 가 읽었다. 그 덕분에 한동안 낙양의 종이 가격이 천정부지로 치솟기도 했다.

육기 역시 좌사의 글을 읽고 감탄을 금치 못했다.

좌사가 쓴 『삼도부』의 내용만으로도 이야기는 이미 충분해 그는 책을 쓰려고 했던 계획을 취소해야 했다.

마음으로 애쓰는 자는 남을 다스리고
힘을 쓰는 자는 남에게 다스림을 받는다
勞心者治人 勞力者治於人(노심자치인 노력자치어인)

 진상(陳相)은 자력갱생(自力更生, 자신의 힘만으로 생활하는 것—역주)을 따르는 허행(許行)을 알게 된 후 여태껏 공부하던 것을 모두 버리고 허행을 따라 하기 시작했다. 맹자가 이 이야기를 듣고 진상에게 물었다.

"허행은 손수 농사를 짓소?"

진상이 대답했다.

"네, 그렇습니다."

"그렇다면 허행은 자신이 옷을 만들어 입소?"

"아닙니다."

"허행이 쓰는 모자는 자신이 만든 것이오?"

"아닙니다. 모자는 자신이 농사지은 곡식과 바꾼 것입니다."

"허행이 밥을 지을 때 쓰는 솥과 농기구는 자신이 만든 것이오?"

"그것도 곡식과 바꾼 것입니다."

그러자 맹자는 "허행은 왜 자신이 스스로 옷을 만들지 않고 농기구를 만들지도 않소?"라고 물었다.

진상은 "그렇게 하면 농사짓는 데 방해되기 때문입니다. 농사를 지으면서 다른 일을 하는 건 불가능합니다."라고 대답했다.

진상의 대답을 들은 맹자는 그에게 사회의 분업에 대해 가르쳤다.

"관리는 관리로서 할 일이 있고 백성은 백성으로서 할 일이 있소. 그리고 모든 사람에게 필요한 물건들은 모두 그것을 만드는 사람이 따로 있소. 만약 자신이 손수 만들어 사용하게 되면 모든 사람이 분주해질 것이오. 그래서 어떤 사람은 정신 노동을 하고 어떤 사람은 육체 노동을 한다는 말이 있는 것이오. 정신 노동을 하는 사람은 다른 이들을 다스리고 육체 노동을 하는 사람은 다스림을 받는다오. 다스림을 받는 사람은 다른 이를 먹여 살리고 다스리는 통치자들은 다른 사람에게서 얻어먹으니 이것이 바로 세상의 보편

적인 도리요."

맹자는 다른 이를 다스리는 통치자와 다스림을 받는 사람의 위치는 바뀔 수 없다고 여겼고 만약 바뀐다면 그것은 사회 발전 규칙에 어긋나며 역사적 경험과도 맞지 않다고 생각했다.

돌고 도는 역사 이야기

송나라 초기 송 태종(太宗) 조광의(趙光義)는 이방(李昉) 등 사람들을 시켜 백과전서를 만들라고 명했다. 이 책은 송 태평흥국(太平興國) 때 편찬되었고 처음에는 『태평총류(太平總類)』라 불렸다. 이 책은 고서 천육백 여 권 가운데 중요한 내용을 모아 쉰다섯 개 분야로 정리했으며 모두 천 권에 달하는 방대한 전집이다.

송 태종은 매일 두세 권씩 『태평총류』를 보겠노라고 다짐하고서 일 년 동안 그 책을 다 읽었고 그런 후에 이 책 이름을 『태평어람(太平禦覽)』이라고 바꿨다.

태종이 모든 힘을 쏟아 이 책을 읽겠다고 다짐했을 때 많은 사람이 왕의 생각을 이해하지 못했다.

평범한 선비가 정신 노동을 해서 남을 다스리겠다는 신념으로 이 책을 읽는다면 이해가 되겠지만 하루에 처리해야 하는 일도 엄청난 왕이 왜 굳이 그토록 방대한 책을 읽느냐는 것이었다. 그래서 사람들은 태종에게 정신적인 피로를 줄여야 하니 책을 매일 읽지 말고 또 조금만 읽으라고 간청했다.

하지만 태종은 "나는 책 읽는 것이 좋고 책 속에서 즐거움을 크게 얻소. 책을 많이 읽으면 얻는 것이 많고 정신적으로도 전혀 피로하지 않소."라고 말하며 쉬지 않고 날마다 세 권씩 이 책을 읽었다. 나랏일로 바빠서 못 읽는 날이면 다음에 시간을 내서 꼭 보충했다.

그리고 주위 사람들에게 "이 책을 열어 보기만 해도 유익함이 있을 것이오."라고 말했다.

태종은 이렇듯 책 읽기에 열심이었고 지식도 풍부했다. 그래서 나라의 큰일을 처리할 때도 거침이 없었다.

왕이 이렇게 열심히 공부하는 것을 보고 신하들도 차츰 왕을 본받기 시작했고 당시 송나라 사회는 전반적으로 책 읽는 열기가 뜨거워졌다.

평소 책을 잘 읽지 않던 재상 조보(趙普)까지도 『논어』를 부지런히 읽어 '반부논어치천하(半部論語治天下, 자신의 지식을 겸손하게 이르거나 학습의 중요함을 비유적으로 표현한 말 ─ 역주)'라는 유래를 남겼다.

천하와 즐거움과 근심을 함께한다
樂以天下 憂以天下(낙이천하 우이천하)

 제 선왕은 설궁(雪宮)에서 맹자를 만나서 물었다.

"현인들도 이러한 즐거움이 있는가?"

맹자는 "있습니다. 사람이 이런 즐거움을 얻지 못하면 자신의 왕을 원망합니다. 이런 행동이 옳진 않지만 백성의 왕이 백성과 함께 즐거움을 나누지 못하는 것도 옳지 않습니다. 왕이 백성의 즐거움을 자신의 즐거움처럼 여긴다면 백성도 왕의 즐거움을 자신의 즐거움처럼 여길 것이고 왕이 백성의 근심을 자신의 근심처럼 여긴다면 백성도 왕의 근심을 자신의 근심처럼 여길 것입니다. 천하와 즐거움을 같이 하고 천하와 근심을 같이 한다면 왕이라 칭함 받지 못하는 일은 없을 것입니다." 라고 대답했다.

그리고 맹자는 이어서 왕에게 이야기 하나를 들려주었다.

옛날에 제 경공이 전부산(轉附山)과 조무산(朝舞山)을 구경하고 바다를 따라 남쪽으로 내려온 후 낭야(琅邪)까지 가고 싶어 재상 안자에게 물었다.

"내가 어떻게 해야 선왕들처럼 구경할 수 있는가?"

안자가 대답했다.

"참으로 좋은 질문입니다. 제후가 있는 곳에 천자가 가는 것을 순수(巡狩)라고 합니다. 제후가 다스리는 땅을 시찰한다는 뜻입니다. 그리고 제후가 천자를 뵙는 것은 술직(述職)이라고 합니다.

그것은 제후가 맡은 직책을 보고한다는 뜻입니다. 그들은 일이 없을 때는 밖에 나가지 않습니다. 물론 봄에 경작하는 것을 시찰할 때는 함께 씨를 뿌리고 밭갈이하는 것을 도우며 가을에 시찰할 때는 추수하는 것을 돕습니다.

하지만 지금 시찰을 가면 사람들을 동원하고 식량을 징수해서 가난한 사람들은 먹을 음식이 더욱 없고 피로한 백성은 쉴 수가 없습니다. 그리하여 백성들이 서로 눈을 흘기고 원망의 목소리를 터뜨리니 반란이 일어날 수도 있습니다. 선왕은 이렇게 행동하지 않으셨으니 지금은 오직 폐하께서 어떻게 하시는가에 달려 있습니다."

가난한 농가에서 태어난 북송의 시인 왕우칭(王禹偁)은 거야(巨野) 사람으로 자는 부지(符之)이다.

왕우칭은 어린 시절부터 공부를 좋아하고 총명한 아이었다. 어느 날 그는 아버지를 대신해 제주부(齊州府)에 밀가루를 배달하러 갔다. 마침 그곳에는 관리가 자식들에게 글을 가르치고 있었다.

왕우칭이 호기심에 가까이 다가가자 관리는 왕우칭의 허름한 옷차림과 촌스러운 모습을 보고 "앵무새의 능한 말재주가 어찌 봉황에 비할 수 있을까?"라는 구절을 내뱉었다.

왕우칭은 불손한 말투로 자신의 천한 신분을 비웃는 관리를 보고 자신 역시 예의를 갖추지 않은 채 그의 구절에 대구했다.

"거미는 비록 재주가 교묘하지만 누에만 못하다."

왕우칭의 구절을 들은 관리는 그의 실력에 깜짝 놀라 아무 말도 하지 못했다.

왕우칭은 서른다섯 살이 되던 해에 좌사간(左司諫)으로 임명되었고 황제에게 조서를 써서 올리는 지제고(知制誥)라는 관직을 담당했다. 또한 우습유(右拾遺)·한림학사(翰林學士) 등의 관직을 맡았다.

정직하고 성품이 곧은 왕우칭은 조정에서 곧잘 진심 어린 충언을 했다. 그러나 곧 그의 입바른 말과 행동이 조정(朝廷)의 미움을 사서 상주(商州)와 저주(滁州)로 좌천되었다. 후에 송 진종(眞宗) 함평(鹹平) 원년(998년)에 다시 중앙으로 올라와 지제고로 복귀했지만 『태조실록(太祖實錄)』을 편수하면서 조광윤(趙匡胤)이 조나라를 빼앗아 천하를 얻었다고 역사적인 사실을 정직하게 기술하는 바람에 조정의 미움을 얻어 그 다음 해에 또다시 황주(黃州)로 쫓겨났다.

왕우칭은 백성과 함께 기쁨과 근심을 나누는 사람이었다. 그는 좌천당한다고 해서 후회하거나 근심하지 않고 오히려 자신의 솔직함에서 위안을 얻었다. 그는 자신의 운명을 서술한 『삼출부(三黜賦)』에서 자신이 추구하는 도덕을 이렇게 표현했다.

"몸은 굽혀도 도는 굽히지 않으니 백 번을 좌천당한들 어떤가! 나는 정직을 지켜내고 인을 행하는 데 내 일생을 다 바칠 것이다."

문득 깨우치다
茅塞頓開(모새돈개)

 전국시대에 고자(高子)라 불리는 맹자의 제자가 있었다. 그는 맹자 밑에서 공부를 시작한 지 얼마 지나지 않아 금방 포기해버리고 다른 것을 배우러 떠나려 했다. 이 일을 알게 된 맹자는 고자에게 항심(恒心, 변하지 않는 마음—역주)이 부족하다는 것을 느끼고 그에게 말했다.

"사람이 계속 다니면 산 속 좁은 길도 다져져 다닐만해 지고 얼마동안 사람이 다니지 않으면 금세 띠로 덮여 다시 길이 막혀버린다. 지금 너의 모습을 보니 마치 띠가 너의 마음을 막고 있는 것 같구나."

맹자의 이 말은 숲 속 좁은 길도 사람이 자주 다니면 다져져서 다닐 만해지고 며칠 다니지 않으면 금세 길이 막혀버리는 것처럼 학문을 배우는 데도 한결같은 태도가 필요하다는 이치를 설명한 것이다.

맹자의 말을 듣고 깨우친 고자가 말했다.

"스승님, 앞으로 정신을 집중해 공부하고 흔들림이 없도록 하겠습니다."

맹자는 웃으면서 "그거 좋구나. 앞으로 내가 너를 지켜보겠느니라." 하고 말했다.

돌고 도는 역사 이야기

조광윤은 왕이 된 후 중대한 임무를 맡은 대신들이 마음이 변해 반란을 일으킬까 봐 석수신(石守信)·왕심기(王審琦)·고회덕(高懷德) 등 통수권을 가진 장군들을 궁으로 불러 연회를 열었다.

연회가 무르익자 조광윤은 지금이 기회다 싶어 다른 이들을 물러가게 한 다음 장군들에게 입을 열었다.

"만약 여러분들의 도움이 없었다면 나는 왕이 되지 못했을 것이오. 그런데 정작 왕이 되니 여간 힘이 드는 게 아니오. 차라리 절도사(節度使) 시절이 훨씬 즐거웠던 것 같소. 왕이 된 후로 벌써 일 년이 흘렀지만 아직까지 한 번도 편하게 잠을 잔 적이 없다오."

영문을 모른 석수신 등 장군들이 이유를 물었다.

조광윤은 "이해가 안 되오? 왕이라는 자리는 누구나 눈을 시퍼렇게 뜨고 앉고 싶어 하는 자리요, 누군들 왕이 되고 싶지 않겠소?" 라고 말했다. 그러자 장군들은 즉시 고개를 조아리며 말했다.

"폐하, 어찌 그런 말씀을 하십니까? 이미 천명이 정해졌사온데 누가 감히 황제의 자리에 오르려 하겠습니까?"

조광윤은 고개를 저으며 말했다.

"내가 신들을 믿지 못해서가 아니오. 하지만 그대들에겐 야심이 없다 하더라도 그 밑에 있는 사람들은 부귀영화를 누리고 싶어 하지 않겠소? 여러분도 내가 어떻게 왕이 되었는지 잘 알지 않소?"

깜짝 놀란 석수신 등 장군들은 "폐하, 그러면 저희가 어떻게 해야 하는지 가르쳐주십시오." 라고 말했다.

조광윤은 이때다 싶어 말했다.

"그렇다면 통수권을 내놓고 지방으로 내려가 편한 관직을 맡으시오. 거기서 땅과 집을 사 후손에게 물려주고 매일 연회를 열어 즐기면서 노년을 편하게 보내시오. 우리가 서로 자식들을 혼인시켜 관계를 유지하면 모두가 편하고 걱정할 일 없으니 이 얼마나 좋은 일이오!"

대관들은 비로소 왕의 뜻을 이해하고 다음날 관직을 내놓았다.

백성이 가장 귀하고 토지신과 곡신은 그 다음이며 임금은 가장 가벼운 존재이다

民爲貴 社稷次之 君爲輕(민위귀 사직차지 군위경)

 춘추전국시대에 전통적으로 행해지는 제도가 있다. 제후국이 건설될 때마다 천자가 사자를 보내 제후를 위해 토지신과 곡신의 제단을 만들어주는 것이 바로 그것이다. 이 신들은 비와 바람을 보내 풍작을 거두게 하고 나라를 보호할 임무가 있다. 그래서 이 두 신은 나라의 상징이기도 했다. 그리고 제후의 맡은 바는 나라의 안녕을 지키는 것이다.

만약 자신의 책임을 다하지 못해 나라가 위험에 빠지고 신에게 그 위험이 미치면 제후 자리에서 물러나야 했다.

맹자는 이런 제도에 찬성하는 입장이었다. 그리고 더 나아가 "백성이 가장 중요하고 토지신과 곡신은 다음이며 임금은 가장 가벼운 존재이다. 그러므로 백성의 신임을 얻으면 천자가 되지만 천자의 신임을 얻으면 제후가 되고 제후의 신임을 얻으면 대부밖에 되지 못한다. 제후가 토지신과 곡신을 위태롭게 한다면 제후를 갈아치우고 살찐 짐승과 깨끗한 곡식을 마련해 제때 제사를 지내는데도 가뭄과 홍수가 나면 신을 갈아치운다." 라고 말했다.

돌고 도는 역사 이야기

전국시대, 조(趙) 태후(太后)는 대단한 인물이었다. 그녀는 조 혜문(惠文)왕이 세상을 떠난 후 어린 조효(趙孝)를 키워서 왕으로 삼고 다양한 외교 활동을 통해 제후들과 연합하고 진(秦)나라의 공격을 막아냈다.

어느 날 제나라 사신이 한단(邯鄲)에 와서 태후를 알현했다. 태후는 사신에게 "제나라의 수확은 어떠한가? 백성들은 평안히 잘 지내는가? 왕의 옥체는 강건하신가?" 라고 물었다.

그러자 제나라 사신은 기분 나쁘다는 듯 대답했다.

"저는 왕의 명을 받아 태후를 찾아뵌 것인데 태후께서는 어찌 제나라 왕의 안부를 먼저 묻지 않고 농사나 백성을 먼저 물으시는 것입니까? 묻는 순서가 바뀌신 듯합니다."

그 말을 들은 태후는 "그렇지 않소. 만약 농사가 흉작이면 백성이 어찌 존재하며 백성이 없다면 왕은 또 어찌 존재할 수 있겠습니까?"

태후의 말은 백성이 최고이고 신이 그 다음이며 왕은 가장 가벼운 존재라는 생각을 잘 나타낸다. 그리고 태후의 정치적 선견지명이 얼마나 대단한지도 잘 보여준다. 그녀는 제나라의 사정을 손바닥의 손금 보듯 잘 파악하고 있었다.

태후는 "제나라에 종리자(鍾離子)라는 사람이 못 먹는 자를 먹이고 못 입는 자에게 옷을 준다고 들었소. 그렇듯 왕을 도와 백성을 돌보는데 어찌하여 그에게 아직도 관직을 주지 않는 것이오? 그리고 섭양자(葉陽子)는 홀로 사는 사람들과 고아, 의지할 곳 없는 노인을 돌보며 가난한 자들을 구제하는데 어찌 아직도 관직에 오르지 못하고 집에 있는 것이오? 또한 효녀 영아자(荼兒子)는 부모님을 모시려고 늙어서도 시집가지 않고 진심으로 효를 행하는데 어찌 아직도 표창을 하지 않소?" 라고 물었다.

태후의 날카로운 질문에 놀란 제나라 사신은 땅에 엎드려 태후에게 경의를 표했다.

털끝만 한 것까지도 똑똑히 살피다
明察秋毫(명찰추호)

 제 환공(桓公)과 진(晉) 문공(文公)은 춘추시대 패권을 장악했던 왕이었고 그중에 제 환공은 으뜸이었다. 전국시대 제 선왕도 선인들을 본받아 패권을 장악하고자 맹자에게 가르침을 구했다.

"제 환공과 진 문공의 일에 대해 말해 줄 수 있소?"

하지만 맹자는 "죄송합니다. 저는 공자님의 제자이므로 패권이 아닌 왕도에 대해서만 말합니다. 저는 덕으로 천하를 통일해야 한다고 말하고 있습니다."라고 말했다.

선왕이 다시 물었다.

"그렇다면 어떠한 덕으로 천하를 통일할 수 있소? 나 같은 사람도

할 수 있는 것이오?'

"네, 얼마든지 하실 수 있습니다. 제사용 종에 묻힐 피를 준비하느라 사람들이 소를 죽이려 하자 왕께서 그 모습을 보고 죄 없는 소를 죽이지 말라고 명령하셨다는 이야기를 들은 적이 있습니다. 그런 일이 정말 있었습니까?'

"그렇소."

"폐하의 마음이 그러하시다면 충분히 왕의 도를 행하고 인정을 베풀어 천하를 통일하실 수 있사옵니다. 문제는 폐하께서 할 수 있느냐 할 수 없느냐가 아니라 실천하느냐 실천하지 않느냐 입니다. 만약 어떤 사람이 '제 힘은 삼천 근을 들기에도 충분하지만 새 깃털 하나를 들 수 없고 가을에 털갈이 하는 짐승의 가느다란 털도 볼 수 있지만 수레에 가득 실린 땔나무는 보지 못 합니다' 라고 한다면 폐하께선 그 말을 믿으시겠습니까?'

"당연히 믿지 못 하오!"

"네, 맞습니다. 폐하께서 동물은 선한 마음으로 대하시면서 백성에게는 그렇게 하지 못 한다고 말씀하신다면 그것을 믿는 사람은 아무도 없을 것입니다. 새 깃털 하나를 들지 못하는 것은 들고 싶지 않은 마음 때문입니다. 수레에 가득 실린 땔나무를 보지 못하는 이유도 보고 싶지 않기 때문입니다. 제가 방금 말씀드린 것에 천하를 통일할 수 있는 답이 들어 있사옵니다."

돌고 도는 역사 이야기

손량(孫亮)은 삼국시대의 오나라 황제 손권(孫權)의 아들로 아홉 살 때 태자가 되고 손권이 세상을 떠난 후 황제의 자리에 올랐다. 어느 날 손량은 화원을 돌아다니다가 매화를 따먹었다.

하지만 그때는 아직 매화가 익을 시기가 아니었기에 한 입 깨물자마자 온 입 안에 떫은맛이 퍼졌다.

그래서 손량은 매화를 꿀에 찍어먹으려고 시위관 황문랑(黃門郞)을 시켜 창고에서 꿀을 가져오라 명했다.

황문랑은 곧 꿀을 가져와 손량에게 바쳤다. 손량이 막 꿀을 먹으려고 하다 문득 그 속을 보니 쥐똥이 있는 것 아닌가! 화가 난 손량은 창고지기를 불렀다.

"황문랑이 예전에도 너에게 꿀을 달라고 한 적이 있느냐?"

창고지기가 대답했다.

"예전에 그런 적이 있었지만 주지는 않았습니다."

황문랑은 창고지기의 말을 부정하며 그가 자신에게 누명을 씌

우는 것이라고 반박했다.

두 사람이 모두 핏대를 세우며 서로 자신이 옳다고 주장해 진위 여부를 가리기가 힘들었다.

그러자 왕의 곁에 있던 조현(刁玄)과 장빈(張邠)이 두 사람을 관에 넘겨 심문하는 것을 제안했다.

하지만 손량은 잠시 뭔가 골똘히 생각을 해보고는 "그럴 필요 없소. 금방 범인을 찾을 수 있소."라고 말했다.

그러고는 쥐똥을 꺼내 갈라보라고 시켰다.

손량은 쥐똥의 안쪽이 말라 있는 것을 보고 황문랑을 가리키며 말했다.

"자네가 창고지기에게 원한을 갚으려고 책임을 전가한 것이었군."

조현과 장빈은 깜짝 놀라 왕에게 물었다.

"전하, 그것을 어찌 아셨습니까?"

손량이 대답했다.

"창고지기가 관리를 잘못해 꿀 속에 쥐똥이 빠졌다면 이미 시간이 오래 지났을 터이니 쥐똥의 안과 겉이 모두 꿀에 푹 젖어 있어야 할 것이오. 하지만 이 쥐똥은 속이 이렇게 말라 있으니 방금 집어넣은 것이 분명하오."

왕의 이야기를 들은 황문랑은 바로 죄를 시인하고 땅에 엎드려 용서를 빌었다.

그 자리에 있던 사람들은 모두 작은 것 하나도 놓치지 않고 알아내는 어린 황제의 현명함에 감탄을 금치 못했다.

남자와 여자는
서로 물건을 주고받으면 안 된다
男女授受不親(남녀수수불친)

순우곤은 제나라 사람으로 데릴사위였다. 그는 키도 작고 우스꽝스럽게 생겼지만 말을 아주 잘해서 여러 번 사절로 임명되어 밖으로 나갔고 한 번도 그 생김새를 놀림 받은 적이 없었다. 어느 날 순우곤이 맹자를 찾아와 가르침을 구했다.

"남녀가 물건을 직접 주고받지 않는 것은 예입니까?"

맹자가 대답했다.

"예입니다."

"만약 형수님이 물에 빠지면 손을 뻗어 구해주실 겁니까?"

"형수가 물에 빠졌는데 구해주지 않는다면 그 사람은 짐승만도 못한 사람이오. 남녀가 직접 무언가를 주고받지 않는 것은 예이고 형수가 물에 빠졌을 때 손을 뻗어 구해주는 것은 융통성 있는 예이오."

순우곤은 제나라에서 제일가는 언변의 달인이었다. 그는 익살스럽게 말하면서도 문제의 핵심을 정확하게 꼬집어냈다. 그는 다시 맹자에게 물었다.

"지금 천하 사람들이 물에 빠져 있습니다. 선생께서 그 사람들을 구하지 않는 이유는 무엇입니까?"

만약 이 질문에 조금이라도 늦게 대답한다면 맹자가 곤란해질 상황이었다. 하지만 맹자는 조금도 흔들림 없이 대답했다.

"천하가 물에 빠져 있다면 도를 통해 구하고 형수가 물에 빠졌다면 손을 뻗어 구하면 되오. 당신은 어찌 나에게 손으로 천하를 구하라 하는 거요?"

돌고 도는 역사 이야기

노(老)스님이 젊은 스님을 데리고 불경을 외우러 길을 떠났다. 강가에 도착하니 홍수로 물이 넘쳐서 돌다리가 물에 잠겼다. 강가에는 한 여인이 세차게 흐르는 물을 보고 차마 건너지 못해 어쩔 줄 몰라 하고 있었다. 이때 노스님이 그 여인에게 다가가 업혀서 강을 건너겠느냐고 물었다.

잠시 고민하던 여인은 말없이 고개를 끄덕였다. 그러자 노스님은 바로 여자를 업고 강을 건넜다. 강 반대편으로 건너온 뒤 스님은 여인을 내려주고 인사하고 나서 젊은 스님과 다시 길을 떠났다.

젊은 스님은 길을 가면서 내내 마음속으로 중얼거렸다. '속세에서도 남녀가 물건을 직접 주고받지 않는데 어찌 출가한 지 몇 십 년이 지난 스님이 여인을 업고 강을 건넌단 말인가?' 아무리 생각해도 이해되지 않자 그는 참지 못하고 노스님에게 물었다.

"남녀가 물건 하나도 직접 주고받지 않는 것이 속세의 예입니다. 하물며 저희같이 출가한 사람들은 더더욱 여인을 멀리해야 하지 않습니까? 스님은 어찌하여 여인을 업고 강을 건너셨습니까?"

노스님은 젊은 스님을 보며 말했다.

"출가한 사람은 자비심이 있어야 한다. 그리고 나는 이미 강을 건너 여인을 내려주었는데 너는 아직도 여인을 업고 있구나."

04
용기는 용기를 낳는다

변변치 못한 자의 용기

匹夫之勇(필부지용)

 어느 날 제나라 선왕이 맹자에게 물었다.

"이웃 나라와 사귀는 데 어떤 원칙이 있는가?"

맹자가 대답했다.

"있습니다. 오직 인정과 덕이 있어야 큰 나라로써 작은 나라를
섬길 수 있습니다. 그렇게 해서 상 탕왕이 큰 나라를 섬겼고 조 문
왕(文王)이 곤이(昆夷)를 섬겼습니다. 또한 오직 지혜가 있어야만
작은 나라로써 큰 나라를 섬길 수 있습니다. 그래서 조 태왕(太王)
은 훈육(獯鬻)을 섬겼고 월나라 왕 구천(勾踐)이 오나라 왕 부차(夫
差)를 섬길 수 있었습니다. 큰 나라로서 작은 나라를 섬기는 자는
하늘의 뜻을 즐기는 자입니다. 그리고 작은 나라로써 큰 나라를 섬

153

기는 것은 하늘을 두려워하는 자입니다. 하늘의 뜻을 즐기는 자는 천하를 안정시킬 수 있고 하늘을 두려워하는 자는 자신의 나라만 안정시킬 수 있습니다. 『시경』에 이르기를 '하늘의 위엄을 두려워하여 안정되었도다.' 라고 했습니다."

선왕이 말했다.

"선생이 한 말은 참으로 고귀하고 뜻이 있소. 하지만 나는 문제가 하나 있소. 바로 용맹을 좋아한다는 것이오."

맹자가 말했다.

"왕께서는 부디 하찮은 용맹을 버리십시오. 눈을 부릅뜬 채 칼을 빼들고 '그가 나를 어찌 막아낼 수 있겠는가!' 라고 말하는 것은 단 한 사람밖에 상대하지 못하는 필부의 용기입니다. 왕께서는 부디 더 큰 용기를 가지십시오. 『시경』에는 '문왕이 크게 노하시어 군대를 보내 거(莒)나라를 침략하려는 적들을 막고 주나라의 복을 더하니 천하 백성의 기대에 어긋나지 않았노라.' 라고 했습니다. 이것은 바로 주 문왕의 용맹입니다. 문왕은 한 번 노하시어 천하의 백성을 평안하게 하셨습니다. 『상서』에는 '하늘이 백성을 이 세상에 보낼 때 그들을 위해 왕을 세우고 스승을 세운 것은 하늘을 도와 백성을 돌보기 위함이다. 그러므로 세상의 죄 있는 자와 죄 없는 자는 모두 내가 책임져야 한다. 그 누가 하늘의 뜻을 뛰어넘을 수 있겠느냐? 라고 했습니다. 이렇듯 주(周) 무왕은 한 사람이 천하를 주무르고 날뛰는 것을 부끄럽게 생각했으니 이것이 바로 무왕의 용맹입니다. 무왕도 한 번 진노하면 천하 백성이 평안해졌습니다. 만약 전하께서 한 번 진노하시어 천하의 백성을 평안하게 하신다면 백성은 오히려 전하께서 용맹을 좋아하지 않으실까 걱정할 것입니다."

돌고 도는 역사 이야기

한신(韓信)은 진나라 말기의 무장이다. 처음에는 항우(項羽)의 밑에서 일했지만 그에게 중용되지 않자 유방(劉邦)을 찾아갔다.

소하(蕭何)의 적극적인 추천을 받아 유방은 한신을 대장군으로 임명했다. 유방은 동쪽으로 진출하여 그의 적수인 항우를 무너뜨리고 천하를 통일하려 했다. 이를 위해 한신에게 상황을 분석해줄 것을 명했다.

한신은 직설적으로 유방에게 물었다.

"지금 천하를 통일하는 데 가장 큰 적은 항우 아닙니까?"

"그렇지!"

"그렇다면 용맹과 인의 두 가지를 항우와 비교했을 때 장군께서는 스스로 어떻다고 생각하십니까?"

유방은 한참 입을 굳게 다물고 침묵하더니 말했다.

"나는 둘 다 항우만 못하오."

"제가 생각해도 그렇습니다. 하지만 저는 과거 항우 밑에서 일한 적이 있어 그를 잘 압니다. 항우가 한 번 호통을 치면 수천 명이 쓰러집니다. 그러나 그는 능력 있는 인재를 등용할 줄 모르니 그저 필부의 용맹만 갖췄을 뿐입니다. 그리고 '인(仁)'을 말하자면 항우는 사람들에게 관심을 주는 편입니다. 그러나 그의 관심은 일부 사람에게만 미칠 뿐 전체에 이르지 못합니다. 또한 땅을 전공에 따라 골고루 분배하지도 않아 제후들의 불만이 많고 지나는 곳마다 항우의 군대가 민가에 피해를 끼쳐 백성의 원망도 커지고 있습니다. 단지 그의 힘이 두려울 뿐이나, 천하에 항우의 편은 없습니다. 지금은 저렇게 강해보여도 곧 무너질 것입니다."

유방은 한신의 말을 듣고 크게 기뻐했다. 그러고는 곧 군대를 이끌고 가서 마침내 항우를 무너뜨리고 한나라를 건설했다.

하늘 아래 왕의 땅이 아닌 곳이 없다
普天之下 莫非王土(보천지하 막비왕토)

 함구몽이 말했다.

"순임금이 요임금을 신하로 대우하지 않았다는 것을 알고 있었습니다. 하지만 『시경─소아(小雅)편 북산(北山)』에서는 '천하에 왕의 땅이 아닌 것이 없고 왕의 신하가 아닌 사람이 없다.'고 했습니다. 순임금이 천자가 되었는데 아버지 고수가 신하가 아니라고 하니 이것은 어떻게 된 일입니까?'

맹자가 대답했다.

"『시경』에서 말하는 것은 그런 의미가 아니라 나랏일에 바빠서 부모를 공양할 수 없음을 말한 것이다. 시에서는 '이것은 국정과 상관이 없는데 나 혼자 이렇게 애쓴다'고 말했다. 그러므로 시를 해석하는 사람은 글자에 집착하여 말의 뜻을 해치면 안 되고 말을 만드는 데만 신경 쓰느라 문장의 뜻을 해쳐서도 안 된다. 오직 자기가 이해하는 바로 시 본래의 뜻을 가늠한다면 시를 정확하게 해석할 수 있을 것이다. 만약 말의 해석에만 얽매인다면 『운한』의 시에서 말한 '주나라에 살아남은 자가 하나도 없다'를 주나라에 정말로 살아남은 자가 한 명도 없다고 이해하게 되지 않겠는가! 효 중에 효는 부모님을 존경하는 것이고 부모님을 존경하는 것 중 가장 큰 것은 천하로서 부모님을 봉양하는 것이다. 순임금의 아버지 고수는 천자의 아버지가 되었으니 가장 존귀한 자리에 오른 것이고 순임금이 천자가 되어 그를 봉양했으니 최고의 봉양을 한 것이다. 『시경』에서는 '영원히 효를 추구하기로 했다면 효는 진정한 사람이 되기 위한 기준이 된다'고 했으니 바로 이를 두고 말한 것이다. 『서경』에서는 '순임금이 고수를 만날 때는 조심스럽게 행동하였고 고수도 순을 따르게 되었다'고 했으니 아버지라도 자식을 자식으로 대우할 수 없다는 것이다."

돌고 도는 역사 이야기

당(唐) 희종(僖宗)은 어릴 때부터 조정에서 멀리 떨어진 궁에서 자라 세상 돌아가는 것을 몰랐다. 조정의 모든 대사를 대환관(大宦官) 전령자(田令孜)에게 맡기니, 이리하여 권력의 중심에 서게 된 전령자는 그 권력을 더 오래 누리기 위해 어린 황제가 노는 것에 집중하게 해서 점점 대신들과 정치에서 멀어지도록 유도했다.

한 번 노는 것의 즐거움을 맛본 희종은 온종일 지치지도 않고 놀았다. 희종은 말 타기·활쏘기·검술·음률·주사위 도박·축국(蹴鞠, 옛날 공치기 놀이의 한 종류—역주)·닭싸움 등 못하는 놀이가 없었고 그 가운데 가장 잘하는 종목은 축국이었다. 한번은 악공(樂工) 석야저(石野豬)에게 "만약 공치는 것으로 관리를 뽑는다면 짐이 장원일 걸세"라 말했다고 한다.

희종은 '천하에 왕의 땅이 아닌 것은 없다'고 생각했기에 자신의 권력을 맘껏 휘둘렀다. 자신이 좋아하는 사람들에게 후하게 상을 내리고 특히 악공이나 기녀들에게 자주 상금을 내렸다. 한 번은 거위를 두고 도박을 벌였는데 거위 한 마리에 걸린 돈이 무려 오십만 전(錢)이나 되었다고 한다.

이삼 년 동안 희종이 흥청망청 돈을 써버려 이미 거의 바닥을 드러낸 국고는 황제의 이러한 무절제한 소비를 더 견뎌낼 재간이 없었다. 그럼에도 희종은 아랑곳하지 않으며 계속해서 하고 싶은 대로 행동했고 마침내는 도박에 걸 돈도 없을 정도가 되었다. 이리하여 희종은 국고를 채워 넣으려 경성의 두 시장에 있는 상인들의 모든 물건을 등록하고 중국 상인이든 외국 상인이든 상관없이 세금을 거두라고 명령했다.

이 두 시장은 경성에서 가장 큰 무역 시장으로 가게도 이백이십여 개가 넘고 온갖 귀중한 물건들이 다 모이는 곳이었다.

동쪽에 있는 시장에는 중국 상인이 많고 서쪽에는 중앙아시아와 페르시아, 아랍 상인이 많았다. 상인들은 모두 희종의 명령에 큰 불만을 품었지만 겉으로 드러내는 순간 끌려가 맞아 죽기도 하므로 그저 속으로 삭일 수밖에 없었다.

·

신뢰할 수 없는 말
齊東野語(제동야어)

어느 날 함구몽이 맹자에게 물었다.

"옛말에 '덕이 높은 사람은 임금도 그를 신하로 삼을 수 없고 아비도 그를 아들로 삼을 수 없다.'고 했습니다. 순임금이 천자가 된 후 요임금이 제후들을 거느리고 순임금을 찾아뵈었고 순임금의 부친인 고수도 그를 찾아뵈었습니다. 순임금은 부친을 보자 얼굴에 불안한 기색이 보였고 공자는 '지금은 천하가 가장 위태로운 시대이다!'라고 말했습니다. 정말 이런 말을 했습니까?'

그 말을 들은 맹자는 함구몽이 인용한 말이 시골 사람들 사이에서 떠도는 터무니없고 근거 없는 말이라는 걸 알고 대답했다.

"아니다. 그것은 군자의 말이 아니라 제나라 동쪽 시골에 사는 사람들이 말한 것이니라. 요임금이 늙자 순임금이 천자의 자리를 물려받았지. 『요전』에는 '순임금이 천자의 자리에 앉은 지 28년에 요임금이 돌아가셨다. 모든 신하는 마치 자신의 부모가 돌아가신 것처럼 삼년상을 치렀고 천하에는 음악 소리가 끊겼다' 라고 나온다. 그리고 공자는 '하늘에 두 개의 태양이 있을 수 없고 땅에는 두 임금이 있을 수 없다.' 라고 말씀하셨지. 순임금이 이미 천자가 되었는데 천하의 제후들을 이끌고 요임금의 삼년상을 치른다면 이것은 천하에 천자가 둘이 있게 되는 것이라네."

돌고 도는 역사 이야기

북제(北齊)를 건국한 고양(高洋)은 황제가 되기 전에 동위(東魏) 수도 지역의 군을 통솔하는 대도독(大都督) 자리에 있으면서 조정 밖의 일을 관리했다. 그는 일찍부터 황제가 되려는 야심이 있는 자였지만 일부러 우둔한 척하며 모든 일을 대강 넘어갔다. 그의 형인 제나라 왕 고징(高澄)이 자기 부인을 몇 번이나 희롱해도 그저 문제를 만들지 않으려 모른 척할 정도였다.

얼마 후 고징은 독단적인 정치로 미움을 사 살해당했다. 고양이 그 뒤를 이어 제나라에 새로운 법을 만들고 추진하면서 진양(晉陽)성은 점차 번화하고 질서 잡힌 도시로 탈바꿈했다. 동위의 원선견(元善見, 혹은 효정제(孝靜帝)─역주)은 성실하고 어려운 일도 마다하지 않는 고양의 성품을 보고 그를 대승상에 앉혀 전국의 군대를 감독하게 하는 한편 제나라 왕이었던 형 고징의 지위를 세습하도록 했다.

이리하여 한 번에 큰 권력을 얻게 된 고양은 점차 위나라를 무너뜨리고 새로운 왕국을 세우려는 준비를 시작했다. 그러던 중에 대신 송경업(宋景業)이 『주역(周易)』에 능통한데다 음양의 변화와 별의 움직임으로 날씨를 맞추는 방법을 연구했다는 이야기를 듣고는 그를 찾아가 자신이 황제의 자리에 오르기 위한 길일을 점쳐달라고 했다.

그 결과 처음에는 간괘(艮卦)가 나왔다가 나중에 정괘(鼎卦)로 바뀌었다.

송경업은 점괘를 해석하면서 "간괘는 황제의 형상을 말하고 정괘는 5월에 변화가 나타난다는 것을 뜻합니다. 중하(仲夏, 음력 5월─역주)에 즉위하시는 것이 가장 적합할 듯합니다."라고 말했다.

이 소식이 퍼지자 어떤 이들이 고양에게 말했다.

"민간에 전해 오는 이야기에 따르면, 5월에 새로운 직위에 오르면 안 된다고 합니다. 만약 이를 어기면 새로 오른 그 직위에서 죽을 것이라고 합니다!"

송경업은 이 말에 바로 반박했다.

"그런 터무니없는 말은 믿으실 필요 없습니다. 천자가 되시면 그 자리에서 내려오실 일이 없으실 테니 천자의 자리에서 돌아가시는 것은 당연한 일 아닙니까?" 그 말을 들은 고양은 매우 기뻐하며 진양에서 출병했다. 그리고 마침내 550년, 고양은 동위를 멸망시키고 황제의 자리에 올랐다.

궁할 때는 자신만 선하게 하고
잘 되면 천하를 선하게 한다
窮則獨善其身 達則兼濟天下(궁즉독선기신 달즉겸제천하)

 맹자는 뜻을 이루느냐의 여부는 단지 외부적 요소일 뿐이고 도덕과 의야말로 근본이라 생각했다. 그러므로 뜻을 이루지 못해도 의를 지키고 뜻을 이룬 후에도 도리에 어긋나지 않을 수 있다고 말했다.

어느 날 맹자가 송구천에게 말했다.

"당신은 여러 나라의 왕에게 유세하는 것을 좋아하오? 내가 유세의 태도에 대해 말해주겠소. 바로 다른 사람이 알아주더라도 태연해야 하고 다른 사람이 몰라주더라도 태연해야 하오."

그러자 송구천이 물었다.

"어떻게 하면 태연해질 수 있습니까?"

이에 맹자께서 말씀하시기를 "덕을 존중하고 의를 즐기면 자연히 태연해질 수 있소. 그러므로 선비는 가난할 때도 의를 잃지 않고 뜻을 이룬 후에도 도를 벗어나지 않소. 뜻을 이루지 못해도 의를 잃어버리지 않기에 자신의 몸가짐을 유지할 수 있고 뜻을 이룬 후에도 도에 어긋나지 않기에 사람들이 실망하지 않지요. 옛 사람들은 뜻을 이루게 되면 백성에게까지 그 은혜가 미치게 했고 뜻을 이루지 못하더라도 다시 인품과 덕성을 갈고 닦아 세상에 드러냈소. 그래서 뜻을 이루지 못하면 자신만 선하게 하지만 뜻을 이루면 천하를 선하게 했다오."

맹자의 이 말은 공자가 말한 '용지즉행 사지즉장(用之則行 舍之則藏), 세상에 쓰인다면 자신의 이상을 실천하고 버려진다면 자신의 재능을 감출 수 있어야 한다는 뜻─역주)' 과 맥을 같이한다.

이 말은 이천 년이 지난 지금까지도 세상에 자신을 드러내려는 지식인들에게 좌우명으로 애용되고 있으며 정신적인 무기로 작용하고 있다.

돌고 도는 역사 이야기

한나라 시대, 황패(黃覇)는 하남(河南) 지역의 태수로 있었다. 당시 관리들은 대개 백성을 혹독하게 대했지만 그는 관용을 베풀었다. 공부를 즐기고 시와 음악에 능통했던 황패는 훗날 승상장사(丞相長史)의 자리에도 올랐다. 그러나 지나치게 정직한 그는 다른 사람의 모함을 받아 당시『상서(尙書)』를 연구한 유명한 학자 하우승(夏侯勝)과 함께 옥에 갇히게 되었다.

옥에 갇혀 있을 때 황패는 하우승을 스승으로 삼아『상서』를 공부했다.

하우승은 "우리는 언제든지 목이 잘릴 판인데 이 책을 공부한다 한들 무슨 소용이 있겠소?"라고 물었지만 황패는 진지한 얼굴로 말했다.

"성현들은 궁할 때 자신을 선하게 하고 잘 되면 천하를 선하게 한다라고 했습니다. 만약 오늘 목이 잘리지 않는다면 저는 이 귀중한 시간을 제 자신을 수양하는 데 쓸 것입니다. 그리고 더 많은 것을 배울 것입니다."

하우승은 시간을 쪼개 덕을 쌓는 황패의 정신에 깊이 감동해 옥안에서 삼 년 동안 그와 함께 공부했다.

삼 년 후, 관동(關東) 지역 49개 군(郡)에 지진이 일어나 산이 무너지고 집들이 내려앉는 바람에 사람이 육천여 명이나 죽었다. 그러자 선제(宣帝)는 백성을 구제하고 동시에 하늘의 노기를 풀어주려 죄인들을 사면했다.

하우승과 황패도 이때 석방되어 각각 간대부급사중(諫大夫給事中, 황제의 곁에서 간언하고 내정을 관리하는 자리―역주)과 양주(揚州) 책사로 임명되었다.

감옥 생활을 통해 황패는 개인적인 덕도 쌓았고 『상서』에도 능통한 유명 학자가 되었다.

남의 호의를 거절하자니 실례 같다
卻之不恭(각지불공)

 만장이 물었다.

"다른 사람과 교제할 때는 어떤 마음가짐이어야 합니까?"

맹자가 대답했다.

"공손한 마음으로 해야 한다."

"옛말에 다른 사람이 보내온 물건을 거절하는 것은 공손하지 않다고 하는데 그 까닭은 무엇입니까?"

"지위가 높은 사람이 보내온 물건은 받기 전에 그가 보낸 것이 의로운 것인가, 의롭지 않은 것인가를 생각한 후에 받아야 한다. 하지만 사람들은 그러한 것이 공손하지 않다고 생각해 거절하지 못하는

169

것이다."

"그렇다면 마음으로만 '그가 보내온 것은 의롭지 못한 것이다' 라고 생각하고 다른 이유를 들어 거절하는 것은 어떻습니까?'

"정당한 이유로 선물을 보내고 예를 차려 선물을 보냈을 때는 공자도 선물을 받았느니라."

"만약 성 밖에서 강도질을 한 사람이 정당한 이유로 예를 갖춰 선물을 보냈다면 그것이 훔친 물건일지라도 받아야 합니까?'

"받으면 안 된다. 『강고(康誥)』에는 '모든 사람은 사람을 죽여 물건을 빼앗고 또 죽음을 두려워하지 않아 마음대로 날뛰는 사람 을 미워한다' 라는 말이 나온다. 이런 사람은 교육받을 때까지 기 다릴 필요 없이 바로 죽여도 좋다. 이러한 법은 은나라가 하(夏)나 라에서 이어받았고 주나라가 은나라에서 이어받아 지금까지 전해 내려오는 것인데 이렇듯 의롭지 않은 선물을 어떻게 받을 수 있는 가?'

돌고 도는 역사 이야기

'초당사걸(初唐四傑, 중국 초당(7세기)의 시단(詩壇)을 대표한 네 시인-역주)' 가운데 한 명인 왕발(王勃)은 일곱 살 때부터 글쓰기에 뛰어난 재주를 보였고 열네 살 때 벼슬에 올랐다.

대표 작품인 『등왕각서(滕王閣序)』는 교지(交趾)로 가던 길에 홍주(洪州, 지금의 장시(江西)성 난창(南昌) 지역—역주)를 지나면서 쓴 글이다.

등왕각은 당나라 고조(高祖) 이연(李淵)의 아들 이원영(李元嬰)이 홍주에서 도독으로 있을 때 만들었고 이후에 염백서(閻伯嶼)가 도독으로 오면서 재건했다.

9월 9일 중양절(重陽節)에 등왕각에서 성대한 연회를 열고 강남의 유명 학자 백여 명을 초청해서는 각자 등왕각 비에 새겨 대대로 전할 글을 써서 한 번 겨뤄보자고 했다.

비록 염백서가 글을 모으겠다는 이유로 학자들을 불러 모으긴 했으나 사실은 사람들 앞에서 사위의 글 솜씨를 뽐내려는 목적이었다. 염백서의 사위인 오자장(吳子章)이란 인물은 실제로도 실력이 아주 대단했다. 게다가 사전에 이미 시간을 들여 등왕각에 관한 문장을 써 놓은 상태였다.

연회에 참석한 사람들은 다들 염백서의 뜻을 눈치채고 있었지만 이제 막 홍주에 도착해 초청받고 온 왕발은 속사정을 몰랐다. 그래서 자리에 모인 사람들은 글을 써보라는 염백서의 부탁을 모두 거절했지만 왕발은 거절하는 것이 공손하지 않다 생각해 사람들 앞에서 거침없이 글을 써내려갔다.

염백서는 화가 치밀었지만 꾹 참을 수밖에 없었다. 한편 왕발이 글을 써내려가자 주위에 있던 사람들이 그 문장을 읽었다. 자리에 앉아 있던 사람들은 왕발의 뛰어난 문장을 듣고 감탄을 금치 못했다. 게다가 왕발을 건방지다고 생각했던 염백서 역시 왕발의 글을 보고는 매우 경탄했다.

하지만 하늘이 인재를 시샘했던 것일까? 왕발은 교지에 계신 부친을 뵈러 발해를 건너던 중에 물에 빠져 죽고 말았다. 그의 나이 겨우 스물여섯 살이었다.

사람은 모두
요·순임금처럼 될 수 있다
人皆可以爲堯舜(인개가이위요순)

 조교가 물었다.

"사람은 누구나 요·순임금처럼 될 수 있다는데 그것이 사실입니까?"

맹자가 대답했다.

"그렇다."

"듣기로 문왕은 키가 3.3미터였고 탕왕은 3미터였다고 합니다. 비록 지금 제 키가 탕왕과 비슷하긴 하지만 저는 밥 먹는 것밖에 모르는 보잘것없는 사람인데 어찌 요임금이나 순임금처럼 될 수 있겠습니까?"

"뭐가 그리 어렵겠소? 그저 실천만 하면 되는 것이라오. 예를 들어서 어떤 사람이 오리 한 마리도 들지 못한다면 그 사람은 힘이 없는 사람이지만 1.5톤을 들어 올릴 수 있다면 힘이 센 사람이오. 오획(烏獲, 진(秦)나라 무왕(武王)의 신하로 힘이 장사였음－역주)이 들었던 것을 똑같이 들었다면 그 사람 역시 오획이 되는 것이오! 사람들은 자신이 이겨내지 못할 거라 생각하여 근심하는 것 아닌가! 단지 실천에 옮기지 않을 뿐이오. 나이든 사람 뒤를 천천히 따라가는 사람은 제(悌, '윗사람을 공경하다'라는 뜻－역주)라 부르고 빨리 걸어서 나이 많은 사람을 앞질러가는 것을 부제(不悌)라 부르는데 사람들이 천천히 걷는 것을 어찌 못하겠소? 단지 하지 않는 것뿐이오. 요임금과 순임금의 도는 효와 제에 있을 뿐이지요. 만약 요임금이 입었던 옷을 입고 요임금이 했던 말을 하고 요임금이 했던 일을 한다면 당신도 얼마든지 요임금이 될 수 있소. 또한 걸(桀, 하나라 말기의 폭군으로 흉악한 사람의 대명사－역주)이 입었던 옷을 입고, 그가 했던 말을 하며 그와 똑같은 행동을 한다면 당신은 걸이 될 수밖에 없소."

"제가 추나라의 임금을 뵙게 되면 숙소를 얻을 수 있을 것입니다. 저는 선생님 밑에서 배우고 싶습니다."

그러자 맹자가 말했다.

"요·순임금의 도는 큰길과 같은 것인데 어찌 알기 어렵겠소? 사람들이 실천에 옮기지 않을 따름이오. 당신도 돌아가서 이를 쫓으시오. 그러면 굳이 내가 아니어도 스승으로 삼을 사람이 많을 것이오."

돌고 도는 역사 이야기

춘추시대, 진(晉)나라 왕 영공(靈公)은 폭군이었다. 어느 날 요리사가 덜 익은 곰발바닥을 내놓자 화가 난 진 영공은 당장 요리사를 죽여 버렸다. 하인들이 그의 시체를 수레에 실어 끌고 나가는데 강직한 신하였던 조순(趙盾)과 사계(士季)가 이 모습을 보게 되었다. 사건의 진상을 알게 된 두 사람은 크게 분노해 왕을 찾아가 꼭 간언해야겠다고 마음먹었다.

먼저 사계가 진 영공을 찾아갔다. 하지만 멀리서 사계가 오는 모습을 보고 요리사를 죽인 일로 따지러 왔을 거라고 바로 알아챈 왕은 짐짓 그를 못 본 척했다. 그러고는 사계가 왕 앞까지 오자 그제야 그를 한 번 힐끔 쳐다보았다.

왕은 "짐도 잘못을 알고 있소. 앞으로 고치겠소."라고 건성으로 말했다.

사계는 왕의 대답을 듣고 부드러운 태도로 이야기했다.

"그 누가 잘못을 하지 않겠습니까? 잘못을 하고 나서 고칠 수 있다면 좋은 것이지요. 사람은 누구나 요·순임금이 될 수 있습니다. 만약 폐하께서 대신들의 간언을 받아들이신다면 틀림없이 좋은 왕이 되실 겁니다."

하지만 진 영공은 자신의 잘못을 진심으로 이해하지 못하고 여전히 포악하게 행동했다.

상국(相國) 조순이 여러 번 왕을 찾아가 간언해도 듣지 않더니 오히려 조순을 미워해 자객을 보내서 암살하려고까지 하는 게 아닌가! 하지만 자객은 오히려 자살을 택할지언정 차마 충직한 신하인 조순을 죽일 수가 없었다.

이렇게 일이 생각대로 풀리지 않자 진 영공은 방법을 바꿔 조순을 연회에 초청해서 기회를 봐 죽이려고 했다.

하지만 조순은 이번에도 근위병들의 도움으로 무사히 도망갔고 진 영공의 암살 계획은 결국 실패로 돌아갔다. 나중에 오히려 진 영공이 도원(桃園)에서 조순의 형제 조천(趙穿)의 손에 살해당했다.

다른 사람이 물에 빠지면 꼭 자기 때문에 그런 것 같고 다른 사람이 굶어도 꼭 자기 때문인 것만 같다

人溺己溺 人飢己飢(인익기익 인기기기)

 상고(上古)시대에 농사를 잘 짓기로 유명한 사람이 있었으니 그의 이름은 직(稷, 혹은 후직(後稷)—역주) 이다. 그 시절은 요임금이 세상을 다스릴 때였고 요임금은 직에게 농업을 관리하는 임무를 맡겼다.

직은 어릴 때부터 농사일을 좋아했고 야생에서 자라는 보리·벼·콩·수수·과일 씨를 모아 땅에 심기도 했다. 그리고 어른이된 후에는 더욱 농사에 집중했고 나무와 돌 조각을 사용해 간단한 농기구를 만들기도 했다.

직은 농업을 관리하는 임무를 맡았을 때 사람들에게 직접 노동에 참여해 경작하는 방법을 보급해서 큰 효과를 거두었다. 그래서 순임금이 천하를 다스리게 되었을 때도 농업을 관리하는 일은 계속 직에게 맡겨졌다. 사람들은 직을 잘 따랐고 그가 죽고 난 후 몇 년 뒤에는 그를 곡신(穀神)으로 추대하고 제사를 지냈다.

당시 홍수가 나서 전국적으로 큰 피해를 입은 일이 있었다. 그런데 그 피해는 이십여 년이 흘러도 전혀 줄어들지 않아 백성이 큰 어려움을 겪었다. 이에 요임금이 곤(鯀)에게 치수(治水)를 맡겼으나 구 년이 지나도 성공하지 못했다.

순임금이 왕위에 오른 후에는 곤의 아들 우에게 치수를 맡겼다. 그래서 우는 사방을 뛰어다니며 백성들과 함께 강을 뚫고 대대적으로 수리 공사를 시작해 홍수를 잠잠하게 하는 한편 이재민을 구하는 작업을 계속했다. 그리하여 십삼 년간 노력을 들인 끝에 드디어 홍수를 막을 수 있었다. 사람들은 우를 '대우(大禹)'라 부르며 존경했고 우왕(禹王) 묘(廟)를 세워 그의 업적을 기렸다.

그래서 우는 물에 빠진 사람을 보면 자신이 임무를 끝내지 못해 그리 된 것이라 생각했고 직은 배를 곯는 사람을 보면 자신이 일을 제대로 하지 못해 곯는 사람이 생겼다고 생각했다. 그들은 자신들이 최선을 다해 임무를 완성하지 못한 탓에 백성이 어려움을 겪는다고 생각해 항상 조급해했다. 이는 다른 사람의 어려움을 마치 나의 일처럼 생각하는 것이다.

돌고 도는 역사 이야기

송나라의 재상 범중엄(範仲淹)은 자가 희문(希文)이고 문정공(文正公)이라고도 불린다. 범중엄은 아주 가난한 어린 시절을 보냈다. 두 살 때 부친을 여의고 재혼한 어머니를 따라 치주(淄州) 장산(長山)으로 가서 성을 주(朱)로 바꾸었다. 성인이 된 범중엄은 자신의 어려운 형편을 알고 더욱 더 노력했고 나중에는 남경 응천부(應天府) 서원에 들어가 공부했다. 스님들의 숙소에 머물면서 공부하던 범중엄은 가난 탓에 하루에 겨우 죽 한 그릇으로 배를 채울 수밖에 없었다. 이렇게 삼 년을 공부한 후 다시 학자 척동문(戚同文) 곁에서 오 년을 힘들게 공부했다. 겨울에는 공부하다 피곤하면 차가운 얼음물로 세수를 해서 잠을 쫓고 다시 공부했다. 그 당시같이 공부하던 한 지방 관리의 아들이 죽만 먹는 범중엄을 딱히 여겨 맛있는 음식을 보내주었지만 범중엄은 손도 대지 않았다.

대중상부(大中祥符) 8년(1015년) 범중엄은 마침내 진사에 합격해 벼슬 생활을 시작했다. 그 후 박주(亳州)·진주(秦州)·하중부(河中府)·목주(睦州)·소주(蘇州)·요주(饒州)·윤주(潤州)·월주(越州)

등지에서 관리직을 맡으며 나중에는 재상의 자리에까지 올라갔다. 범중엄은 백성의 고통을 함께 느끼고 정치를 할 때는 항상 백성을 먼저 생각하며 생산력을 향상시키는 것을 일의 최우선 순위로 삼았다.

벼슬에 오른 후에도 범중엄은 가난했던 시절의 생활 방식을 고수했다. 그리고 가난한 사람들을 구제하고자 사재를 털어 소주 부근에 땅 십칠만 평 정도를 구입했다. 또한 자연재해로 피해를 입어 굶거나 입을 옷이 없는 사람이 없도록 노력하면서 정작 자기 자신을 위해서는 돈을 쓰지 않았다. 주위 사람들이 집을 살 것을 권유해도 그저 "경성에는 좋은 집이 많아서 언제든지 빌려 살 수 있으니 굳이 집을 살 필요가 없소."라고 말할 뿐이었다.

그의 아들 순인(純仁) 역시 부친의 뜻을 이어받아 백성을 도왔고 후에 부친이 산 땅을 세 배로 불린데다 사회 교육 기구의 기능까지 더해 그 영향이 후대까지 미치도록 했다.

범중엄은 자신의 장례 비용마저 없을 정도로 평생 가난하게 살았지만 다른 사람의 아픔을 자신의 아픔처럼 여기던 넓은 가슴은 후대까지 전해 내려오고 있다. 그는 슬하에 아들 다섯을 두었는데 두 아들은 재상에 올랐고 한 아들은 어사대부의 자리에 올랐으니 온 집안이 인재들이었다.

헌신짝 버리듯하다
如棄敝屣(여기폐사)

 고요는 고대 동이(東夷) 부족 소호씨(少昊氏)의 대장이었다. 요임금 시대에 태어나 우임금 시대에 백육 살의 나이로 죽었다. 고요는 요·순·우임금 시대를 살면서 온힘을 다해 세 임금을 보좌한 덕이 높은 사람이었다.

그가 남긴 큰 업적은 형법을 재정하고 교육 제도를 만든 것이다. 그리고 요·순·우임금을 도와 오형(五刑)과 오교(五敎)를 보급하고 공정하게 재판했다. 그래야 '아버지는 의롭고 어머니는 자비로우며 형은 우애 있고 동생은 공손하며 자식은 효를 다해야 한다(父義·母慈·兄友·弟恭·子孝)'라고 주장하며 화목하고 태평한 사회를 만들었다.

어느 날 맹자의 제자 도응이 물었다.

"순임금이 천자이고 고요가 사법관으로 있는데 만약 순임금의 부친 고수가 사람을 죽였다면 어떻게 해야 합니까?"

맹자가 대답했다.

"그래도 고수를 체포해야 한다."

"그렇다면 순임금은 이를 막지 않겠습니까?"

"순임금이 어찌 막을 수 있느냐? 고요가 고수를 잡아들인 것은 법에 따른 것이니라."

"그렇다면 순임금은 어찌해야 합니까?"

"순임금은 천하 버리는 것을 헌신짝 버리듯 할 수 있으니 몰래 부친을 업고 달아나 바닷가에서 살면서 천하를 잊고 평생 즐겁게 살 것이다."

돌고 도는 역사 이야기

청나라의 순치제(順治帝) 복림(福臨)은 청나라가 입관(入關, 만주족이 산해관을 넘어 화북으로 진출한 사건―역주)한 후의 첫 황제다. 복림은 황태극(皇太極)의 아홉째 아들로 숭덕(崇德) 3년(1638년)에 태어나 숭덕 8년(1643년) 8월 2일 심양(沈陽)에서 왕위에 오른 후 순치로 이름을 바꾸고 18년 동안 왕위에 있었다.

순치가 왕위에 오르자 숙부 도르곤(多爾袞)이 그를 도와 정치를 했다. 그렇게 해서 순치 7년이 되던 해 도르곤이 사냥을 나갔다가 그만 사고로 죽고 말았다. 그래서 당시 열네 살이던 순치는 그때부터 직접 정치를 하게 되었다.

본래 성품이 어질고 총명한 순치는 부지런히 공부하고 앞선 한(漢) 문화를 적극적으로 받아들였다. 그리고 시대의 흐름에 따라 선조 때부터 내려오던 법을 재정비하고 가까운 만주(滿洲)족 대신들의 반대를 무릅쓰며 한나라 관리들을 신뢰하고 중용했다.

그는 천하를 오랫동안 태평하게 다스리기 위해 명나라의 흥망성쇠를 귀감으로 삼아 문제를 일으키는 당파에는 강하게 경고하는 동시에 관리들의 공무 집행 상황을 정비하는데도 많은 노력을 기울였다.

또한 백성들과 함께하고자 노력했다. 그러나 순치 역시 혈기왕성한 젊은 청년이었기에 고집이 세고 독선적일 때가 물론 있었으며 성격이 급해 쉽게 화를 내는 경향이 있었다.

당시 궁에는 인질로 끌려온 한인(漢人) 동악비(董鄂妃)라는 여인이 있었다. 순치제는 그녀의 호리호리한 몸매와 아름다운 외모, 총명함에 반해 그녀를 총애하며 귀비(貴妃, 황후 다음으로 높은 지위 —역주)의 자리에 앉혔다. 하지만 미인박명이라고 했던가! 한 번 병으로 몸져누운 동악비는 물에 떠내려가는 꽃처럼 세상을 떠나버리고 말았다.

이렇게 사랑하는 사람을 잃은 순치는 슬픔에 잠겨 닷새 동안을 아무것도 하지 않았다. 그리고는 동악비를 황후로 봉하고 '효헌장화지덕선인단경황후(孝獻莊和至德宣仁端敬皇後)'라는 시호를 내렸다.

오늘날 순치제가 동악비의 죽음으로 큰 충격을 받은 후 이듬해 정월에 마치 헌신짝 버리듯 천하를 버리고 오대산(五台山)으로 들어가서 속세를 떠나 머리를 깎고 스님이 되었다는 속설이 전해진다.

윗사람이 좋아하면
아랫사람은 더 좋아한다
上之所好 下必甚焉(상지소호 하필심언)

 등 문공이 태자였을 때 한 번 초나라에 간 적이 있다.
그러면서 귀국하는 길에 송나라의 수도 팽(彭)에 들
려 마침 그곳에 머무르던 맹자를 두 번이나 찾아뵈었다.

세월이 지나고 부친 정공(定公)이 세상을 떠나자 태자는 자신의
스승 연우를 추나라로 보내 맹자에게 장례에 대한 예를 물었다.

맹자는 "삼년상을 치르면서 허름한 옷을 입고 죽을 마십니다.
이는 천자부터 백성까지 모두 그렇게 하는 것으로 하(夏)·상(商)·
주(周) 3대에 걸쳐 이어 내려왔습니다."라고 대답했다.

연우가 돌아와 맹자의 말을 전하자 태자는 삼년상을 치르기로
결정했다. 하지만 궁의 대신들과 어른들은 그에 반대하며 이렇게

말했다.

"우리와 한겨레인 노나라도 삼년상을 치르지 않고 우리나라의
선대도 행하지 않은 것이니 태자의 시대에 규칙을 어기는 것은 옳
지 않습니다."

그러자 태자는 다시 연우를 맹자에게 보내 물었다.

이에 맹자가 말했다.

"일단 하려고 했다면 마음을 바꾸어서는 안 됩니다. 공자께서
말씀하시길 '임금이 돌아가시면 태자는 나라의 정치를 재상에게
맡기고 죽을 먹으며 얼굴빛을 어둡게 해 상주의 자리에서 곡해야
한다. 이렇게 하면 모든 관리 가운데 감히 슬퍼하지 않을 자가 없
으니 이는 태자가 먼저 슬퍼하기 때문이다' 라고 했습니다. 윗사람
이 좋아하는 것이 있으면 아랫사람은 반드시 더 좋아하게 됩니다.
'군자의 덕은 바람과 같고 소인의 덕은 풀과 같습니다. 바람이 불
면 풀은 바람이 부는 방향으로 쓰러지지요' 모든 것은 태자에게 달
려 있습니다."

연우가 돌아와 그대로 말을 전했다.

그 말을 듣고 태자는 "그렇구나. 이번 일은 전부 나에게 달려 있
었어." 라고 말하고는 다섯 달 동안 여막(廬幕, 옛 상례에서 상제들

186

이 곡(哭)하거나 조객을 맞이하기 위해 빈소 옆에 마련한 막사—역
주)에 머물면서 아무런 명령도 내리지 않았다.

그러자 모든 관리와 친족들은 태자가 예를 안다며 높이 평가했
다. 마침내 장사를 치르는 날이 되자 전국에서 사람들이 모여들었
다. 그리고 태자의 수척해진 얼굴과 비통해하는 통곡을 듣고 사람
들은 크게 감동했다.

돌고 도는 역사 이야기

초나라의 영왕(靈王)은 허리가 버드나무 잎처럼 가는 신하를 좋
아했다. 허리가 가는 신하를 보면 얼굴 가득 기쁨이 넘쳤고 심지어
그런 이유로 총애하며 중용하기도 했다.

옛말에 윗사람이 좋아하는 것이 있으면 아랫사람은 더욱 그것
을 좋아한다고 했다. 조정 대신들은 왕의 총애를 받기 위해 모두
허리살을 빼기 시작했다.

다들 약속이나 한 듯이 기름진 음식은 먹지 않고 먹는 양도 줄여
하루에 한 끼만 먹는 사람도 있었다. 또 밥을 먹지 못해 눈앞이 어
질어질해도 살 빼려는 노력은 절대 멈추지 않았다. 어떤 대신은 빨
리 살을 뺄 수 있는 독특한 방법을 고안해냈다.

매일 아침 잠자리에서 일어나 옷을 입을 때 먼저 큰 숨을 몇 번 들이마셔서 가슴은 나오게 하고 배는 들어가게 한 상태에서 숨을 멈춘 다음 넓은 끈으로 허리 부분을 단단하게 감는 것이었다.

이렇게 조정에 한바탕 살빼기 광풍이 몰아닥친 지 어느덧 일 년 여가 흘렀다.

이젠 많은 대신이 스스로 서 있을 힘조차 없어 기둥을 붙잡아야 겨우 서 있을 정도가 되었고 바람만 불어도 쓰러질 만큼 약해져 버렸다. 이런 사람들이 어찌 정치를 하고 나라를 지킬 수 있겠는가. 결국 이것으로 말미암아 조정은 커다란 혼란에 휩싸였다.

나무 인형을 만든 자는
자손이 끊어진다
始作俑者 其無後乎(시작용자 기무후호)

 양 혜왕과 대화를 나누던 맹자가 혜왕에게 물었다.

"방망이로 사람을 죽이는 것과 칼로 사람을 죽이는

것이 다릅니까?"

"다를 것이 없소."

"그렇다면 칼로 사람을 죽이는 것과 정치로써 사람을 죽이는 것

은 다릅니까?"

"그것도 다를 것이 없소."

"지금 왕의 주방에는 기름진 고기가 있고 마구간에는 살찌고 튼

튼한 말이 있으면서 백성은 굶주린 얼굴을 하고 들에는 굶어 죽은

시체가 널려 있다면 이는 마치 짐승을 몰고 나와 사람을 잡아먹게

하는 것과 마찬가지입니다! 사람들은 짐승끼리 서로 잡아먹는 것도 싫어하는데 백성의 부모라는 왕이 나랏일을 하면서 짐승이 사람 잡아먹는 것도 막지 못한다면 어찌 백성의 부모라 할 수 있겠습니까? 공자께서 말씀하시길 '순장할 때 쓰는 나무 인형을 처음 만든 사람은 그 후손이 끊어질 것이다'라고 했습니다. 이는 나무로 사람의 모형을 만들어 장례에 사용했기 때문입니다. 이렇듯 사람의 모형을 만드는 일조차 허용되지 않는데 하물며 어찌 백성을 굶어 죽게 한단 말입니까?'

여기서 공자가 '나무 인형을 만든 사람은 후손이 끊어질 것이다'라고 한 것은 당시 순장하는 사회 풍습에서 나온 말이다. '용(俑)'은 당시 죽은 사람과 같이 묻으려고 나무나 흙으로 만든 인형으로, 사람의 형상을 닮았다.

노비 사회일 때는 주인이 죽으면 종도 함께 묻었지만 이후 노동력이 점점 중요해지는 생산 사회에 들어서면서부터는 노비 대신 사람의 형상을 한 인형을 함께 묻었다. 하지만 이 같은 행동을 이해하지 못한 공자는 처음 그런 목적으로 인형을 만든 사람에게 "반드시 대가 끊어져 후손이 없을 것이다!"라고 비난했다.

공자의 이 말은 훗날 뜻이 확대되어 제일 먼저 좋지 않은 사회

분위기를 형성한 사람이나 나쁜 짓을 처음으로 시작한 사람을 가리키는 '시작용자(始作俑者, 나무 인형을 만든 사람—역주)'라는 사자성어로 쓰인다.

돌고 도는 역사 이야기

청나라 옹정(雍正) 6년(1728년), 조정에는 대대적인 '문자옥(文字獄, 자기가 쓴 문장 때문에 화를 당하는 일—역주)' 바람이 불었다. 호남(湖南)에서 인재로 알려진 증정(曾靜)은 우연한 기회에 이미 세상을 떠난 학자 여유량(呂留良)이 청나라 조정을 비판한 글을 읽고 탄복해 그의 제자들과 교제를 시작했다.

그 후 한족(漢族) 대신 악종기(嶽鍾琪)가 변경 지역에서 떠들썩하던 반란을 잠재운 공로로 옹정제에게 중용되어 천섬(川陜) 총독으로 임명되고 군대를 관리하게 된 일이 있었다. 증정이 그 이야기를 듣고 악종기를 찾아가 함께 청나라에 반란을 일으키자고 제의했지만 보기 좋게 배신당하고 말았다.

이 일을 보고받은 옹정제는 "직접 이 사건을 처리하겠노라." 하고 선언한 뒤 여유량이 청나라를 비판한 내용에 반박하려고 직접 『대의각미록(大義覺迷錄)』을 쓰고 한편으론 처벌을 내렸다.

사람들 앞에서 이미 죽은 여유량과 그의 아들 여보중(呂葆中), 제자 엄홍규(嚴鴻逵)의 시체를 갈기갈기 찢어 보이고 당시 살아있던 아들 여의중(呂毅中)에게는 참수형을 내렸다. 그리고 여씨와 엄씨 가문의 자손들을 영고탑(寧古塔)으로 끌고 가 노예로 살게 했다.

또한 여씨·엄씨와 교제한 자들과 여유량에게 책을 만들어준 자, 심지어 여유량의 책을 소장하고 있던 동정신(東鼎臣)·동정분(東鼎賁)·손극용(孫克用)·조경여(周敬輿) 같은 사람들마저 사형에 처해 이 일에 관련된 자는 천여 명을 넘어섰다.

비록 이 사건을 처음 시작한 사람은 옹정제이지만 경솔하게 행동한 증정도 책임을 피할 순 없다. 하지만 증정은 후에 옹정제에게 용서를 받아 구사일생으로 살아났다.

옹정제는 증정을 살려두어 참회할 기회를 주면서 그에게 강남 일대로 가 『대의각미록』을 널리 전파하며 왕의 관대함과 왕권의 견고함을 알리라고 명령했다. 이에 증정은 깊이 사죄하고 청 조정의 앞잡이가 되어 충성했지만 결국 건륭(乾隆) 황제 때에 가서는 사형을 당했다.

자기 몸을 지키는 것이 가장 중요하다
守身爲大(수신위대)

 맹자가 말했다.

"누구를 섬기는 것이 가장 중요한가? 부모를 섬기는 것이 가장 중요하다. 지키는 것 중에서 무엇이 가장 중요한가? 자신(의 선함)을 지키는 것이 가장 중요하다. 자신을 잃지 않고 부모를 잘 섬겼다는 말은 들어봤지만 자신을 잃고 부모를 잘 섬겼다는 말은 들어본 적이 없다. 마땅히 어른을 섬겨야 하지만 그 중에서도 부모를 섬기는 것이 가장 중요하다. 또한 마땅히 모든 성품을 지켜야 하지만 그 중에서도 자기의 선한 성품을 지키는 것이 가장 근본이다."

그리고 맹자는 증자(曾子)의 이야기를 들려주었다.

증자는 부친 증석(曾晳)을 모실 때 항상 밥상에 술과 고기를 올렸다. 그리고 상을 치울 때는 반드시 남은 음식을 누구에게 줄 것인지 여쭈었다. 증석이 음식이 남아 있는지 물으면 증자는 반드시 있다고 대답했다.

증석이 죽고 난 후에는 증자의 아들 증원(曾元)이 증자를 모셨다. 그 역시 끼니마다 술과 고기를 올렸지만 상을 치울 때 남은 음식을 누구에게 줄 것인지 묻지 않았고 증자가 남은 음식이 있냐고 물어도 증원은 없다고만 대답했다. 이는 남은 음식을 다시 증자에게 차려드리고자 한 것이었다.

이에 맹자는 "증원이 한 것은 부모의 입과 몸을 봉양한 것이지만 증자는 부모의 뜻을 봉양했다. 무릇 부모를 섬길 때는 증자가 증석에게 한 것처럼 해야 한다."고 말했다.

돌고 도는 역사 이야기

동한(東漢) 시대에 살았던 유총(劉寵)은 자가 조영(祖榮)이고 모평(牟平)현 사람이다. 그는 벼슬길에 올라 사도(司徒)와 태위(太尉)의 자리에 있었으며, 자신의 선함을 지키는 것을 가장 중요한 일로 여겨 후에 계군(稽郡) 태수로 재임할 때 일절 뇌물을 받지 않았다.

시간이 흘러 청렴한 성품과 뛰어난 업적을 인정받은 유총은 경성에서 벼슬을 하게 되었다.

그가 계군을 떠나기 전 산음(山陰)현 약야산(若耶山)에서 왔다는 머리가 하얗게 센 노인 대여섯 명이 유총에게 "태수님의 가는 길을 배웅하고 싶습니다."라고 말했다.

그러고는 각자 가져온 동전 백 개씩을 주려고 해 유총은 정중히 거절했다.

그러자 노인들은 눈물을 흘리며 말했다.

"저희는 산에서 사는 보잘것없는 사람들입니다. 전에 계시던 태수께서는 백성을 괴롭히고 또 늦은 밤이 될 때까지 붙잡아놓고 집으로 돌려보내 주지 않았습니다. 그때는 개가 밤새도록 짖어 백성이 불안함에 떨었지만 태수님께서 오신 후부터는 개가 밤에 짖지를 않습니다. 그리고 이젠 관리들도 백성을 붙잡아두는 일이 없습니다. 그런 태수님께서 떠나신다는 소식을 듣고 얼마 되진 않지만 돈을 좀 들고 왔습니다. 부디 저희의 작은 성의라 생각하시고 받아 주십시오."

그러자 유총은 "저는 그동안 그렇게 좋은 일을 많이 하지 못했습니다. 오히려 어르신들께서 고생이 많으셨지요."라고 말했다.

하지만 노인들이 한사코 돈을 받아줄 것을 요청하자 유총은 차마 어르신들의 성의를 거절할 수 없어 하는 수 없이 돈을 받아두었다.

그리고는 산음현을 벗어난 후에 돈을 강에 쏟아버렸다. 그 일로 사람들은 그 강을 '전청강(錢淸江)'이라 부르고 '일전정(一錢亭)'을 세웠다. 그리고 그 일대에서는 유총을 '일전태수(一錢太守)'라고 불렀다.

유총은 나중에 역재이군(歷宰二郡)과 경상(卿相)의 자리에까지 올랐다. 그럼에도 여전히 소박하게 생활하고 사람들에게 베풀며 너그럽게 대한 유총은 재산을 전혀 남기지 못하고 죽었다.

05

모질어야 부자가 된다

사숙 제자
私淑弟子(사숙제자)

 맹자가 어릴 때 그의 모친은 좋은 환경에서 아들을 키우려고 세 번이나 이사를 했다.

처음에 무덤 가까운 곳에서 살았을 때 맹자는 또래 친구들과 무덤가에서 장례 치르는 흉내를 내며 놀았다. 이 모습을 보고 깜짝 놀란 어머니는 아들의 공부에 좋지 않겠다고 생각해 시장 근처로 이사를 갔다.

그런데 맹자는 시장에서 얼마 지나지 않아 친구들과 장사꾼 흉내를 내며 놀았고 어머니는 시장 근처 역시 아들을 공부시키는 데 적당하지 않다고 생각해 다시 서당 근처로 이사를 갔다.

그런데 이번에는 맹자가 서당에 다니며 스승 곁에서 예절과 지식을 배워 어머니도 비로소 안심하고 그곳에 정착했다.

당시 공자의 손자 공급(孔伋, 자는 자사(子思)―역주)이 곡부(曲阜)에서 육예(六藝, 중국 주대(周代)에 행해진 예(禮)·악(樂)·사(射)·어(禦)·서(書)·수(數) 등 여섯 가지 기술 교육 과목―역주)를 가르치고 있어서 사방에서 그에게 배움을 구하려는 사람들이 몰려왔다. 맹자도 열다섯 살이 되던 해 어머니의 권유로 곡부에 가서 정식으로 유가를 배우기 시작했다.

자사는 맹자를 유심히 살피더니 주위 사람들에게 "맹자는 즐거운 성품을 지녔고 인과 의를 알고 있습니다. 그리고 말할 때마다 요, 순임금을 말하니 세상에 이런 이도 드물 것입니다." 라고 말했다.

그때부터 맹자는 자사의 문하에서 오 년을 공부했고 학문과 덕이 눈에 띄게 성장했다. 그리고 마침내 공자의 사상을 이어받은 그는 스스로 자신을 가리켜 공자의 '사숙 제자' 라고 말했는데 이에 조금도 손색이 없었다.

돌고 도는 역사 이야기

사영운(謝靈運)은 송나라의 문장가이자 불교학자이고 혜원(慧遠)은 여산(廬山)의 스님이다. 사영운은 혜원 스님보다 훨씬 젊은 사람이었다. 혜원은 이미 팔순이 다 되었는데 사영운은 아직 서른이 채 안 되어 둘은 무려 쉰한 살이나 차이가 났다.

사영운은 좋은 교육을 받고 자랐고 학문에 관해서도 집안을 이끄는 사혼(謝混)에게 인정받을 정도였다. 또한 사첨(謝瞻)과 사회(謝晦) 등 다른 형제들보다도 재능이 뛰어났다. 이렇게 능력이 뛰어난지라 자신의 재능을 크게 믿는 사영운은 이 세상에 존경하는 사람이 별로 없었다.

하지만 혜원 스님을 한 번 본 이후로 그에게 매우 탄복해 존경하게 되었고 나중에는 혜원 스님을 도와 동림사(東林寺)의 동서쪽 땅을 파서 연못을 만들고 백련(白蓮)을 심었다. 그런 연유로 혜원 스님과 현인 열여덟 명으로 이루어진 단체 이름이 백련사(白蓮社)라고 불리게 되었다.

한번은 혜원 스님이 인도 석실(石室)에 불상이 있다는 이야기를 듣고 화공을 불러 서역 출신의 스님이 말한 것을 토대로 불상을 그리라고 했다.

그렇게 해서 그림이 완성되자 혜원 스님은 『만불영명(萬佛影銘)』을 저술했고 스님의 부탁으로 사영운도 『불영명(佛影銘)』이라는 책을 썼다.

혜원 스님이 세상을 떠난 후 사영운은 『여산석혜원법사뢰(廬山釋慧遠法師誄)』를 편찬했다.

그 책에서 혜원 스님을 높게 평가하며 "내가 학문에 뜻을 둔 이후 그분의 마지막 제자가 되기를 동경했으나 아쉽구나! 이제 그 꿈이 멀어졌으니 그분이 영원히 세상에서 떠나심이라' 라고 했다.

사영운은 진심으로 혜원 스님을 존경하고 제자로서 예를 다했다. 그리고 자신이 혜원 스님의 마지막 제자가 되기를 원했다. 두 사람의 긴밀한 교제로 보았을 때 사영운은 혜원 스님의 명실상부한 사숙 제자라 할 만하겠다.

하늘이 중대한 임무를
맡기려고 하는 사람
天將降大任於是人(천장가대임어시인)

 맹자는 이 이야기를 하면서 순임금과 부설·교격·관

중·손숙오·백리해의 예를 들었다. 이들은 모두 어

려운 환경에서 고된 시련을 겪고 크게 성장한 사람들로 여기서 교

격을 제외한 나머지 사람들의 이야기는 잘 알려져 있다.

교격은 은(殷) 주왕(紂王) 시대의 사람으로 생선과 소금을 팔아

생계를 꾸려갔던 사람이다. 그러던 중에 주나라 문왕이 교격의 재

능을 발견하고서 은 주왕에게 그를 추천했고 교격은 곧 은나라의

관리로 임명되었다.

이후 주 무왕이 은 주왕을 치려고 군대를 일으켜 유수(鮪水)까지

쳐들어왔다.

그러자 은나라 조정은 교격을 무왕에게 사신으로 보냈다.

교격은 무왕을 만나 "어디로 가십니까? 부디 속이지 마시고 말씀해주십시오."라고 말했다.

"속이지 않을 것이오. 우리는 주왕이 있는 조가(朝歌)로 갈 것이오."

"그렇다면 언제 도착할 것입니까?"

"갑자일(甲子日)에 조가의 교외에 도착할 것이오. 돌아가 이 말을 전해도 좋소."

한편 교격이 떠난 후 날이 궂어져 비가 내리더니 이튿날이 되도록 그칠 생각을 하지 않았다. 무왕이 병사들에게 멈추지 말고 계속 행군하라고 명령하자 장군들이 무왕에게 주청했다.

"병사들은 이미 지쳤습니다. 잠시 쉬다가 출발하시는 것이 어떨는지요?"

그러나 무왕은 "이미 교격에게 내가 갑자일에 조가의 교외에 도착할 것이라 말했고 그는 이미 주왕에게 내 말을 전했을 것이오. 만약 우리가 그날에 도착하지 않는다면 교격은 신뢰를 잃어 주왕에게 죽임을 당할 것이오. 내가 이리 서두르는 것은 교격을 살리기 위함이오."라고 말하며 길을 재촉했다.

무왕이 이끄는 군대는 정확히 갑자일에 조가의 교외에 도착했고 주왕을 물리쳤다. 나중에 이 사실을 알게 된 교격은 무왕의 신하가 되어 그를 보좌했다.

돌고 도는 역사 이야기

전국시대, 오자서(伍子胥) 부자는 초나라 왕에게 의심을 받았다. 얼마 후 부친과 형은 화를 피하지 못해 죽임을 당했고 오자서만 간신히 빠져나와 다른 나라로 도망갔다. 그는 처음에는 송나라로 도망갔다가 다시 정나라로 옮겨갔다. 그렇게 여러 나라를 다녔는데도 오래 머물 만한 나라를 찾지 못했다.

마지막으로 그는 오나라로 숨어 들어갔다. 정나라에서 빠져나온 후로는 사람들의 눈에 띄지 않으려 낮에는 숨고 밤에만 움직여서 겨우 오나라에 도착할 수 있었다. 하지만 하늘이 큰일을 맡길 때는 그 전에 시련을 주신다고 했던가? 비록 무사히 오나라에 들어오기는 했지만 아무도 이 초라한 영웅을 알아보지 못했다. 결국 배고픔을 견디지 못한 오자서는 어쩔 수 없이 무릎을 꿇고 사람들에게 남은 밥을 동냥하기까지 해야 했다.

이렇게 오자서는 초나라에서 도망쳐 나온 후로 이곳에서 잊혀

가는 듯했다. 그러나 얼마 후 오나라의 공자 광(光)이 오자서가 오나라에 왔다는 이야기를 들었다. 그는 전부터 오자서가 크게 쓰일 인재라는 것을 알고 있었다. 하지만 용맹하고 능력 있는 독수리 같은 오자서가 과연 시련에 어떻게 대처할지 지켜보려 그와 만날 날을 미뤘다.

그로부터 얼마 지나지 않아 그는 마침내 오자서가 오왕(吳王) 료(僚)를 알현할 수 있게 해주었다. 오왕을 만난 오자서는 기다렸다는 듯이 초나라를 칠 것을 권유했지만 뜻밖에도 오왕에게 꾸중만 듣고 나와야 했다. 자리를 빠져나온 오자서는 그 길로 공자 광을 찾아가 그의 부하가 되었다. 그는 공자 광이 왕위를 쟁탈할 야심을 품은 인물이라는 걸 알아차렸던 것이다.

오자서는 공자 광에게 전제(專諸)라는 유명한 자객을 바치는 한편 자신은 산에 들어가 농사를 지으면서 때를 기다렸다. 그러고는 공자 광이 왕위에 오르고 난 후에야 비로소 산에서 나왔다. 그 후 구 년 동안 오자서는 손무(孫武)와 함께 초나라를 공격할 책략을 내놓았고 마침내 초나라의 수도 영도(郢都)를 공격해 당시 최고의 강대국이었던 초나라를 멸망시켰다.

하늘이 내린 기회는 땅의 이로움만 못하고 땅의 이로움은 사람의 화합만 못하다
天時不如地利 地利不如人和(천시불여지리 지리불여인화)

 하늘과 땅, 사람 간의 관계는 예부터 지금까지 사람들
이 줄곧 관심을 기울여 온 문제이다. 순자(荀子)는 농
업 생산을 예로 들어 하늘의 때와 지형의 유리함과 사람의 화합에
대해 설명한 적이 있다. 하지만 어느 것이 더 중요한지는 설명하지
못하고 그저 세 가지 모두 중요하다고 했다. 후대의 맹자는 군사적
인 것을 예로 들어 이 세 가지의 관계를 설명했는데 그 해석이 명
쾌하다.

"하늘의 때는 지형의 이로움만 못하고 지형의 이로움은 사람의
화합만 못하다."

세 가지 가운데 사람의 화합이 가장 중요하고, 일에서 결정적인

요소이며 지형의 이로움이 그 다음, 그리고 마지막이 하늘의 때라는 것이다. 이는 '사람의 능동적인 태도'에 대한 맹자의 생각과 일맥상통한다.

가장 중요한 '사람의 화합'에서 출발한 맹자는 "도를 얻은 사람은 도와주는 이가 많고 덕을 잃은 사람은 도와주는 이가 적다."라는 결론까지 도달했다.

비록 군사적인 예를 들며 시작했지만 결국은 맹자가 항상 강조하는 인정이 포함된다. 맹자의 주장대로라면 영토에 경계를 둔다 해도 백성이 밖으로 빠져나가는 것을 막지 못하고 산천이 험준하다 해도 반드시 나라가 안전하지 않다. 그러므로 닫혀 있으려 하는 나라는 살아날 방법이 없다.

오로지 끊임없이 개혁하고 개방하고 자신의 힘을 길러야 한다. 그리고 백성이 즐겁고 편안하게 살도록 노력해야 한다. 이렇게 했을 때야 비로소 도와주는 이가 많아져 천하의 모든 백성이 왕에게 복종하게 된다.

돌고 도는 역사 이야기

원(元)나라 말기 원 조정에 저항하던 남방 세력이 첫 승리를 한 후 주원장(朱元璋)과 진우량(陳友諒)의 갈등은 더욱 깊어졌다. 1360년 윤(閏) 5월 초하루 진우량은 십만 대군을 이끌고 주원장이 있는 지주(池州)로 쳐들어가 태평(太平)을 공격했다.

그리고 장사성(張士誠)과 연합해 주원장을 압박했다. 그 소식을 접한 주원장은 7월 초엿새에 직접 이십만 대군을 이끌고 나가 홍도(洪都)를 구하고 16일에는 파양호(鄱陽湖)까지 진출했다. 이에 진우량은 파양으로 옮겨 전투를 벌일 계획을 세웠고 두 군대는 강랑(康郎)에서 마주쳤다.

진우량의 군대는 하늘이 내려준 시기를 누리며 지리적으로도 우세했지만 어찌 된 일인지 자꾸만 패전을 거듭했다. 이미 대세가 기울었다고 판단한 진우량 휘하의 장군들은 하나둘씩 몰래 주원장에게 투항하기 시작했다.

병사들의 사기 역시 바닥까지 내려간 상태였다. 주원장은 이 기회를 놓치지 않고 진우량에게 투항하라는 편지를 보냈다. 화가 머리끝까지 치밀어 오른 진우량은 포로들을 마구 죽여 댔다. 하지만 주원장은 그와는 반대로 포로를 풀어주고 부상당한 포로는 치료해 주었으며 죽은 포로를 위해 애도했다. 이런 주원장을 본 백성들은 그를 신뢰했다.

8월 26일 진우량의 군대는 식량이 부족해 병사들은 굶주리게 되었다. 그래서 위험을 무릅쓰고 포위망을 뚫으려 시도했으나 곧 다시 주원장의 군대에 둘러싸였다.

주원장이 사방에서 공격해오자 진우량의 군대는 그저 허둥지둥 도망치기에 바빴다. 그리고 진우량은 그 혼란한 와중에 결국 경강(涇江) 입구에 매복한 주원장의 병사가 쏜 화살을 맞고 죽음을 맞이한다.

평장(平章) 진영(陳榮)은 다음날 부상병 오만여 명을 이끌고 주원장에게 투항했고 태위 장정변(張定邊)과 진우량의 아우 진리(陳理)는 무창(武昌)으로 도망갔다가 다음해 2월에 투항했다.

파양호 전쟁은 소수가 다수를 이긴 대표적인 전쟁으로 역사에 기록되었다. 그 후 주원장은 강남을 통일하며 차츰 명나라를 세울 토대를 닦았다.

왕이 좌우만 보고 딴 것만 말하다
王顧左右而言他(왕고좌우이언타)

 맹자는 다른 사람과 논쟁할 때 교묘하게 함정을 파놓고 상대방이 사고를 바꿀 때까지 인내하는 사람이었다. 대화를 하면서 상대방이 점점 자신이 파놓은 함정에 들어가게 해서 꼼짝 못하게 만드는 것이었다.

어느 날 맹자가 제 선왕에게 물었다.

"만약 신하가 멀리 초나라로 가게 되어 친구에게 자신의 부인과 자녀를 부탁했습니다. 그런데 돌아와 보니 자신의 가족이 굶주리고 추위에 떨고 있다면 그 친구는 자신의 책임을 다하지 못한 것이 됩니다. 이럴 때는 어떻게 해야 합니까?"

"그 친구와 절교해야 하오."

"그렇다면 법의 집행을 맡고 있는 사법관이 자신의 부하조차 제대로 관리하지 못한다면 어떻게 해야 합니까?"

"그 자리에서 물러나게 해야 하오!"

"나라 안의 정치가 혼란스럽고 백성이 마음 놓고 살아가지 못한다면 이는 어떻게 해야 합니까?"

선왕은 그제야 맹자가 말하고 싶은 것이 바로 자신의 일이라는 것을 알아챘다. 그러나 선왕은 못 들은 척하고 주위 대신들을 돌아보며 다른 화제로 넘어갔다.

돌고 도는 역사 이야기

동방삭(東方朔)은 서한시대의 문학가로 사부(辭賦, 중국 전국시대에 기원한 고대의 문체(文體) - 역주)에 능했다. 한 무제가 왕위에 오른 후 인재를 불러 모으자 동방삭도 글을 써서 올리고 관직에 올랐다.

그 후 상시랑(常侍郞)·태중(太中)대부 등 관직에 있었던 동방삭은 익살맞고, 청산유수 같은 말솜씨를 자랑할 뿐만 아니라 아주 지혜로워 자주 한 무제와 담소를 나눴다. 하지만 단순히 왕과 즐겁게 대화만 나누었던 것이 아니었다. 『한서(漢書)-동방삭전(東方朔

傳)』을 보면 '왕의 안색을 살피며 적당한 때를 가려 간언했다.'고 기록되어 있다.

무제는 사치스러운 왕이었다. 그는 사냥하고 나서 휴식을 취할 곳이 필요하다며 상림원(上林苑)을 만들라고 명했다.

소식을 들은 동방삭은 그 명령은 백성들의 비옥한 땅을 빼앗고 국고를 비게 하므로 분명 나라를 망하게 할 것이라고 생각했다.

그래서 그는 정치의 득과 실을 따지며 농업과 전쟁으로 강국을 만들자는 책략을 제시했다. 그러나 그를 단지 어릿광대로만 여긴 무제는 그를 중용 하지 않고 의견도 무시했다.

이에 동방삭은 자신의 의지와 불만을 표현하고자 『답객난(答客難)』과 『비유선지론(非有先生論)』을 써냈다. 비록 동방삭은 해학적인 표현으로 기술했지만 그의 말은 깊이가 있고 그 속에 예리한 뜻이 숨겨져 있었다.

그는 단순히 아부하는 것이 아니라 한 무제의 마음을 헤아렸다. 게다가 그의 따끔한 지적은 다른 대신들은 감히 따라할 수 없는 것들이었다. 확실한 한 사례를 들어 보자.

한 무제의 모친 두(竇) 태후는 사치가 심하며 동언(董偃)을 총애했다. 그래서 조정 대신들은 모두 동언과 알고 지내는 것을 영광으로 여겼고 한 무제도 동언을 위해 큰 연회를 열어주었다.

하지만 이를 못마땅하게 여긴 동방삭은 '나라의 도둑이요, 백성을 좀먹는 해충'이라며 동언을 비난했다. 결국 무제는 어쩔 수 없이 연회를 취소했다.

이 일이 있은 후 하루는 한 무제가 동방삭에게 물었다.

"당신은 내가 어떤 왕이라 생각하오?"

그때 동방삭은 자신의 뜻과 다르게 왕에게 아첨하지 않으려고 주위 사람들을 보며 화제를 바꿔 왕의 질문에 대답하지 않았다. 그의 지혜를 엿볼 수 있는 순간이었다.

부자가 되려면 모질어야 한다
爲富不仁(위부불인)

 전국시대 각 나라의 제후들은 너도나도 땅을 넓힐 욕
심으로 새로운 땅을 찾고 있었다. 큰 나라의 제후들
은 멋대로 출병해 작은 나라의 땅을 빼앗거나 아예 나라를 없애버
리곤 했다.

등나라는 원래부터 내부가 혼란스러웠으나 등 문공이 왕위에
오른 후 상황이 더욱 악화되었다. 국고는 비고 민생은 피폐해졌으
며 사방의 강국들이 호심탐탐 등나라를 노렸다.

상황이 이러하니 등나라는 그야말로 '풍전등화'였다. 등 문공
은 이러한 혼란을 잠재우고자 맹자에게 강국이 되는 방법에 대해
가르침을 구했다. 자리에 함께 앉은 후 맹자가 입을 열었다.

"이 늙은이는 비록 보잘 것 없는 사람이지만 폐하께서 물을 것이 있으시다면 기쁜 마음으로 최선을 다해 대답하겠습니다."

그러자 문공이 깊은 한숨을 내쉬며 말했다.

"선생은 대학자요, 현인이기에 오늘 이렇게 모셨소. 아시다시피 지금 우리 등나라는 군대가 매우 약하고 나라가 큰 어려움에 처해 있소. 선생은 우리가 부강해지고 다른 나라의 괴롭힘을 받지 않으려면 어떻게 해야 한다고 생각하시오?"

문공의 간절한 표정을 본 맹자는 솔직하게 말했다.

"백성은 나라의 근본입니다. 나라를 나무에 비유한다면 백성은 뿌리입니다. 뿌리가 튼튼해야 가지와 줄기가 잘 뻗고 잎이 무성해지며 건강한 나무로 자랄 수 있는 것입니다."

"그렇다면 어떻게 해야 뿌리를 튼튼하게 할 수 있소?"

"인정을 베푸시면 됩니다. 공자는 어진 사람은 사람을 사랑한다라고 했습니다. 백성을 사랑한다면 그들에게 혹독한 노역을 시키거나 그들의 재물을 축내서는 안 됩니다. 그리고 마음 내키는 대로 세금을 더 거둬도 안 됩니다. 백성이 안심하고 생활할 수만 있다면 '나라가 가난해지지는 않을까?' 하고 걱정하진 않을 것입니다. 양호(陽虎)는 부자가 되려면 모질어야 한다고 말하지만 그것은 말도 안 됩니다. 한 나라의 왕은 인의를 내세워야만 백성과 나라를 사랑할 수 있고 또 그렇게 해야만 백성이 나라를 위해 충성을 다하게 됩니다. 만약 왕이 폭정을 해서 백성의 원망하는 소리가 높아진다면 백성들은 왕에게 충성을 다하지 않을 것입니다."

문공은 크게 고개를 끄덕이며 앞으로 널리 인정을 베풀어야겠다고 결심했다.

돌고 도는 역사 이야기

서진시대 당대에 유명한 문인이었던 왕융(王戎)은 완적(阮籍) 등과 더불어 죽림칠현(竹林七賢, 중국 위(魏)·진(晉)의 정권 교체기에 정치와 권력에는 등을 돌리고 죽림에 모여 거문고와 술을 즐기며 청담(淸談)으로 세월을 보낸 선비 7명을 가리킴-역주)으로 불렸다. 하지만 일단 관직에 오르자 왕융은 탐욕에 눈을 떠 재산을 모으는 데만 혈안이었다. 그가 점차 탐관오리가 되어가는 모습을 보면서 사람들은 큰 실망감을 감추지 못했다.

왕융은 상서좌복야(尙書左僕射) 겸 영사부(領史部)로 있을 때 관리를 선발하기 전에 먼저 그 사람에게 작은 지역의 관리일을 맡겨 역량을 판단하는 '갑오(甲午)' 제도를 만들었다. 사람들은 빨리 높은 자리에 올라가려고 앞다투어 왕융에게 뇌물을 건넸고 왕융이 뇌물을 받아준 사람은 곧 좋은 자리에 올랐다.

한번은 그의 딸이 시집갈 때 몇 만 전을 빌려가서는 한참이 지나도 갚지 않았다. 친정에 잠시 다니러 온 딸은 부친의 안색이 좋지 않은 것을 보고 자신이 돈을 갚지 않아 부친이 화가 났다는 사실을 알아차렸다. 그래서 그녀는 곧 남편을 데리고 시댁으로 돌아갔다. 딸이 돌아가자 왕융은 그제야 인상을 풀고 입가에 미소를 띠었다.

왕융이 돈 때문에 모질어졌다는 것을 가장 잘 보여주는 사례는 바로 자두 씨에 구멍을 뚫은 사건이다.

왕융의 집 마당에는 자두나무가 있었는데 잘 익으면 맛이 아주 좋아서 왕융은 이것을 따다가 시장에 내다 팔고는 했다. 그러던 어느 날 왕융은 다른 사람이 자신의 자두 씨를 가져갈까 봐 자두마다 구멍을 뚫고 심지어 자두 씨에까지 구멍을 뚫었다.

이 이야기에서 재산을 불리려는 그의 탐욕스러움이 양호의 말처럼 '인자함을 내버리는' 지경까지 갔다는 것을 잘 알 수 있다.

물고기를 깊은 못에 몰아넣고
참새를 숲 속으로 몰아넣다

爲淵驅魚 爲叢驅雀(위연구어 위총구작)

 어느 날 맹자의 제자들 사이에 하나라와 상나라가 망하게 된 이유를 놓고 격렬한 논쟁이 일어났다. 한 제자는 이 나라들이 멸망한 것은 하늘의 뜻이었으니 사람의 힘으로는 거스를 수 없었다고 주장했다.

그러자 다른 제자가 즉각 반박하며 "망한 것은 분명 사람의 뜻이지 어찌 하늘의 뜻이라 하는가! 하늘의 뜻이었을지라도 일은 사람을 통해서 이루어지는 법이라네."라고 주장했다.

어느 쪽도 물러날 기미가 보이지 않자 그들은 결국 맹자를 모셔 물어보았다. 맹자는 양쪽의 주장을 자세히 듣고 말했다.

"걸왕과 주왕이 망했던 것은 하늘의 뜻이 아니라 민심을 잃었기 때문이다. 백성의 지지를 잃은 왕은 망할 수밖에 없다."

그러자 한 제자가 의문을 표시했다.

"주왕이 녹대(鹿台, 주왕이 재물을 저장한 장소－역주)를 만들려고 했을 때 백성들은 이를 찬성하지 않았지만 어쩔 수 없이 만들지 않았습니까?'

"녹대는 만들어졌지만 백성들은 그 일로 주왕에게 분노했고 주왕은 결국 자살하고 말았다. 이렇게 보면 녹대를 만든 것은 주왕에게 결코 좋은 일이 아니니라."

그리고 맹자는 계속해서 말을 이어나갔다.

"내가 예를 하나 들겠다. 백성이 선한 왕을 좋아하고 인정을 환영하는 것은 자연스러운 현상이다. 이것은 마치 물이 낮은 데로 흐르고 짐승이 넓은 곳으로 달려가는 것과 같은 이치다. 물고기가 깊은 물에 숨어 있으면 수달이 물고기를 잡을 수 없다. 하지만 물고기를 깊은 곳으로 몰고 가는 것 역시 바로 수달 자신이지. 또한 참새가 숲 속에 숨어 있으면 매가 찾을 수 없다. 하지만 이 역시 참새를 깊은 곳에 숨게 만든 장본인은 바로 매다. 이처럼 상나라의 탕왕과 주나라의 무왕에게 백성들이 몰려들게 한 것도 바로 걸왕과 주왕이다. 만약 인정을 베풀고 백성을 사랑하는 왕이 있다면 폭군 밑에 있는 다른 나라 백성들이 모두 그 왕에게 몰려갈 것이다. 이렇게 되면 천하의 왕이 되고 싶지 않아도 자연히 될 수밖에 없지."

제자들은 맹자의 말을 듣고 감탄을 금치 못했다.

돌고 도는 역사 이야기

삼국시대 왕윤(王允)은 연환계(連環計, '고리를 잇는 계책'이라는 뜻. 여러 계책을 교묘하게 연결시킨다는 의미—역주)를 사용해 마침내 동탁(董卓)을 죽였다. 당시 진류(陳留)·영천(穎川) 등지에서는 우보(牛輔)·이각(李傕)·곽사(郭汜) 등 동탁 휘하에 있던 장군들이 여전히 약탈을 일삼고 있었다. 그러다가 동탁이 죽었다는 사실을 들은 그들은 자기 한 몸 지키기에 급급했다.

한편 여포(呂布)는 왕윤에게 "동탁이 남긴 유산을 조금 떼어서 공을 세운 장군들에게 상으로 주는 것이 어떻겠습니까?"라고 제안했다.

그러나 왕윤은 동의하지 않았다. 그때 이각을 포함한 동탁의 부하들이 왕윤에게 사죄하면서 용서해달라고 간청했다. 그들을 용서하려던 왕윤은 갑자기 마음을 바꿔 그들을 강제로 무장해제 시키려 했다.

이러한 왕윤의 행동은 그야말로 자기편이 될 수 있는 사람도 적으로 만들어버리는 행동이었다. 시간이 흐르면서 동탁의 부하들이 하나둘씩 이각과 곽사의 밑으로 모여들었다. 이에 왕윤은 양주(凉州)에서 가장 유명한 두 사람을 그들에게 사자로 보내 투항하라고 명령했다. 그러나 이 두 사람은 오히려 도중에 왕윤을 배신하고서 함께 길을 떠난 사람들과 말까지 모두 데리고 이각 밑으로 들어갔다.

무위(武威) 사람 가후(賈詡)가 이각에게 계책을 내놓았다.

"여러분이 이렇게 가시면 틀림없이 붙잡힐 것입니다. 차라리 군대를 모아 장안(長安)을 공격하는 것이 어떻습니까? 이기면 조정을 장악할 수 있고 진다고 해도 그때 도망가도 늦지 않습니다."

이각 등 동탁의 부하들은 어차피 죽음을 두려워하는 사람들이 아니었다. 그들은 가후의 이야기를 듣고 당장 군사 수천여 명을 모아 장안으로 쳐들어갔다.

그리고 6월, 마침내 이각과 곽사의 군대가 장안을 장악했고 그 과정에서 죽거나 다친 사람의 수가 만여 명을 넘었다.

남의 비판을 기꺼이 받아들이다
聞過則喜(문과즉희)

맹자는 제자들과 함께 다른 사람이 잘못을 지적하면 어떻게 받아들이느냐 하는 문제를 놓고 이야기할 때 자로와 우임금과 순임금의 예를 들었다.

자로는 춘추시대의 노나라 사람으로 성은 중(仲)이고 이름은 우(由)였으며 공자의 제자였다. 자로는 성실하고 솔직하며 용감한 사람이었다. 그는 다른 사람이 자신의 잘못을 지적해주는 것을 기꺼이 받아들이고 또 기쁘게 생각했다. 우임금은 하나라를 세운 전설 속 인물로 홍수를 다스렸다.

우임금은 요임금 · 순임금과 함께 시대를 거듭하며 사람들에게 칭송받는 고대의 성왕(聖王)이다.

겸손한 우임금은 사람들이 선한 말로 충고해줄 때마다 감격해하며 절을 했다. 그리고 순임금 역시 전설 속 성왕으로 사람들은 그를 '대순(大舜)'이라 부른다. 우임금의 왕위는 바로 순임금이 물려주었다.

맹자는 다른 사람과 선을 나누고 다른 사람의 장점을 배워 자신의 덕을 쌓은 순임금이 우임금보다 더 위대하다고 말했다. 다른 사람과 선을 나눈다는 것은 성과나 장점을 자신의 것으로만 생각하지 않고 다 함께 공유한다는 것이다. 그리고 다른 사람의 장점을 취한다는 것은 자신의 잘못을 개선하고 다른 사람의 장점을 받아들인다는 것이다.

순임금은 역산(歷山)에서 농사를 짓고 하빈(河濱)에서 도자기를 굽고 뇌택(雷澤)에서 물고기를 잡았다. 그는 농부·도자기공·어부에서 천자가 되기까지 자신의 모든 장점을 다른 사람에게서 배웠다. 이렇게 순임금은 다른 사람의 장점을 취해 자신을 발전시켰으며 또한 다른 사람을 위해 좋은 일을 많이 했다.

돌고 도는 역사 이야기

삼국시대 촉한(蜀漢)의 승상 제갈량(諸葛亮)이 세상을 떠나자 장완(蔣琬)이 그 뒤를 이었다. 장완은 평소처럼 냉정함을 잃지 않고 높은 자리에 올랐다고 해서 일부러 위엄 있게 행동하려 하거나 기뻐하는 기색을 내비치지 않았으며 평소와 다름없는 행동으로 대신들의 신임을 얻었다. 장완은 성격이 온화하고 냉정하게 사고하는 사람으로 결코 감정적으로 일을 처리하는 적이 없었다. 또한 다른 사람들과 협력하는 능력도 뛰어났다.

한편 동조연(東曹掾) 양희(楊戱)는 간단명료한 것을 좋아하고 말이 별로 없는 성격이었다. 장완이 그에게 질문을 해도 양희는 항상 아무런 대답을 하지 않았다.

그래서 한 번은 주위 사람이 장완에게 "양희는 승상께서 질문하시는데도 항상 대답을 하지 않으니 너무 거만한 태도 아닙니까!"라고 불평했다.

하지만 장완은 웃으며 말했다.

"얼굴이 다 다른 것처럼 마음도 다 같지 않다네. 예부터 겉으로는 따르는 척 하면서 마음속으로는 다른 뜻을 품는 것이야말로 가장 수치스러운 행동 아닌가. 양희는 내 의견에 동의할 경우 의견이 다른 자신의 본심에 어긋나게 되고, 그렇다고 내 의견에 반박하면 내 잘못을 드러내는 것이 되어 침묵을 선택한 거라네. 이것이야말

로 양희의 성품을 잘 보여주지 않는가?'

어느 날 독농(督農) 양민(楊敏)이 뒤에서 장완을 헐뜯었다.

"제대로 하는 일이 없고 전혀 이전 사람에 비할 바가 못 된다."

누군가가 이 말을 듣고 장완에게 전하며 양민의 무례함에 죄를 물을 것을 건의했다.

하지만 장원은 다른 사람의 비판을 기꺼이 받아들이며 "그의 말이 맞소. 나는 분명 이전 사람만 못하오. 그러니 일도 제대로 못할 수밖에 없소."라고 말했다.

그 후 양민이 죄를 지어 옥에 갇히자 사람들은 그가 틀림없이 죽게 될 것이라 생각했다. 하지만 장완은 그의 중죄를 면해주었다. 장완의 신중함과 온순함, 겸허한 태도는 제갈량과 비교해도 손색이 없었다.

일정한 생업이 없는 사람은
일정한 마음이 없다
無恒産者無恒心(무항산자무항심)

 어느 날, 제 선왕이 맹자에게 "어떻게 하면 인정을 베풀 수 있습니까?" 라고 물었다.

이에 맹자는 "고정된 일이 없는데도 일정한 도덕적 관념과 행동을 지키는 사람은 선비밖에 없습니다. 그러나 백성들은 고정된 일이 없으면 그로 말미암아 일정한 도덕적 관념과 행동을 지키지 않습니다. 만약 고정적인 일이 없다면 그들은 곧 제멋대로 행동할 것입니다. 백성이 죄를 지은 후 법으로써 그들을 처벌한다면 그물을 쳐놓고 백성을 해치는 것과 같습니다. 선한 임금이 되려고 하면서 어떻게 그리할 수 있겠습니까? 그래서 현명한 임금은 백성들에게 생업을 마련해주고 반드시 부모를 봉양하게 하고 처자를 양육하게 합니다. 또한 풍년이면 내내 배불리 먹게 하고 흉년이더라도 굶어 죽지 않게 합니다. 그리고 그 다음에 백성들을 선한 길로 가게 한다면 백성들은 기꺼이 임금의 뜻을 따를 것입니다. 하지만 지금 백성들의 생업으로는 부모를 모시기 힘들고 처자를 먹여 살리기가 힘듭니다. 풍년이라고 해도 일 년 내내 고생하고 자칫 흉년이라도 들면 무수한 사람이 굶어 죽습니다. 자신의 생명조차 유지하기 힘든 마당에 어찌 예와 의를 따를 수 있겠습니까? 폐하께서는 인정을 행하려 하시면서 어찌 근본으로 돌아가지 않으십니까? 빈 땅에 뽕나무를 심으면 나이 쉰 살이 된 사람이 솜옷을 입을 수 있습니다. 또 개나 닭, 돼지 같은 가축을 기르면서 번식 기회를 놓치지 않으면 나이 일흔 살이 된 사람이 고기를 먹을 수 있습니다. 그리고 널따란 밭에서 농사할 시기를 놓치지 않으면 여덟 식구가 굶주리지 않을 수 있습니다. 또한 학교에서 효로써 부모를 모시고 어른을 존경해야 한다는 것을 반복해서 가르친다면 길에서 나이 든 사람이 짐을 지고 다니는 모습을 찾아볼 수 없을 것입니다. 노인이 솜옷을 입고 고기를 먹으며 백성이 굶거나 추위를 겪지 않는데도 천하를 통일하지 못한 예는 한 번도 본 적이 없습니다."라고 말했다.

돌고 도는 역사 이야기

동한 영제(靈帝) 시대, 식견이 넓고 백성에게 신임 받는 유도(劉陶)라는 관리가 있었다.

한 환제(漢桓帝) 영수(永壽) 3년(157년)에 어떤 사람이 '지금 백성이 가난한 이유는 화폐가 너무 가볍고 두께가 너무 얇은 까닭이니 화폐를 새롭게 만드시옵소서.' 라는 내용의 상소를 올렸다.

이 상소를 놓고 대장군·태위·사도(司徒)·사공(司空) 등 관리들과 태학(太學)의 현명한 학자들이 모두 모여 논의했다.

당시 태학생이었던 유도는 "지금의 문제는 화폐가 아니라 굶주림에 있습니다. 지금 먹을 것이 없어 백성들이 무수히 굶주리고 있습니다. 풍족했던 곡식은 벌레가 전부 먹어버렸고 백성들이 천을 만들어내면 조정과 관리들이 다 가져가 버립니다. 자고로 백성은 일정한 생업이 없으면 도덕적인 신념이나 행동을 지키지 않게 마련입니다. 설령 모래와 자갈로 황금을 만들고 기와 조각으로 백옥을 만드는 능력이 있을지라도 마실 물이 없고 먹을 밥이 없어 백성들이 폭동을 일으킨다면 막을 도리가 없습니다. 한 사람이 괴로운 백성들을 선동해 혼란을 일으켰을 때 그깟 화폐로 일을 해결할 수 있겠습니까?' 라고 상소를 올렸다.

결국 유도의 의견이 받아들여져 화폐는 다시 만들지 않았다. 그 후 유도는 현령(縣令)·시어사(侍禦史)·상서령(尙書令)·전임시중(轉任侍中)의 자리에 올랐고 또 경조윤(京兆尹)·간의대부(諫議大夫) 벼슬을 지냈다.

나중에 유도가 병이 나 순양(順陽)현령 자리에서 물러났을 때 그 지역 관리들과 백성이 모두 그를 그리워했다. 그리고 그를 위한 노래를 만들어 함께 불렀다.

泣然不樂 읍연불락
思我劉君 사아유군
何時複來 하시복래
安此下民 안차하민

근심으로 즐겁지가 않네.
나는 유도 현령을 그리워하네.
언제 다시 돌아와
백성들을 편안하게 할꼬.

조금 낮고 못한 정도의 차이는 있으나
본질적으로는 차이가 없다

五十步笑百步(오십보소백보)

 전국시대 각 제후국은 모두 합종연횡하며 원교근공의 정책을 펼쳤다. 전쟁은 끊이지 않았고 각 나라 백성의 어려움은 이루 형용할 수가 없었다. 양 혜왕도 항상 전쟁을 벌여 백성은 편할 날이 없었다.

맹자가 양(梁)나라로 와서 혜왕을 만났다. 혜왕이 맹자에게 말했다.

"짐은 최선을 다해 나라를 다스리고 백성을 사랑하는데 더는 백성이 늘어나지 않으니 어찌 된 까닭인지 모르겠소."

맹자가 대답했다.

"폐하께서 전쟁을 좋아하시니 제가 전쟁에 비유해 말씀드리겠습니다. 전장에서 두 군대가 서로 대치하는 상황에 전투가 시작된다고 알리는 북이 울렸습니다. 두 군대는 용감하게 치고 나와 서로 죽고 죽이기 시작했습니다. 격렬하게 싸우다가 이기는 쪽이 갑자기 기세를 몰아 맹렬하게 덤벼들자 지고 있던 쪽은 갑옷을 벗어 몸을 가볍게 한 채 무기를 들고 도망갔습니다. 도망가는 병사 가운데 달리기가 빠른 이가 있어 백 보를 달리다가 멈춰 섰습니다. 그리고 어떤 병사는 발이 느려 오십 보만 달리고 멈춰 섰습니다. 이때 발이 느린 병사가 자신은 오십 보만 도망쳤다면서 백 보 도망친 병사를 비웃는다면 폐하께서는 이것이 옳다고 생각하십니까?"

"틀렸소. 단지 오십 보가 차이 날 뿐 그 또한 분명히 도망간 것 아니오!"

맹자가 고개를 끄덕이며 이제 혜왕의 처음 질문에 답했다.

"폐하께서는 그러한 도리를 알고 계시면서 어찌 다른 나라보다 백성이 더 많기를 바라십니까?"

돌고 도는 역사 이야기

동한 말기의 유명한 학자 채옹(蔡邕)은 박학하고 재능이 많은 사람으로 영제기(靈帝紀)부터 개인열전 42편에 이르기까지 한나라의 역사를 기록했다. 또한 그는 서예가로도 이름을 드날렸다.

당나라 때의 장언원(張彦遠)은『서법요록(書法要錄)－필법전수
인명(筆法傳授人名)』에 '채옹은 신에게 그의 재능을 내려 받아 최
애(崔瑗)와 문희(文姬)에게 물려주었고 문희는 종요(鍾繇)에게 물
려주었으며 종요는 위부인(衛夫人)에게 물려주었다. 또한 위부인
은 왕희지(王羲之)에게 물려주었고 왕희지는 왕헌지(王獻之)에게
물려주었다.'라고 기록했다.

동탁은 채옹이 재능 있는 인물이란 이야길 듣고 그에게 두 가지
중 하나를 선택하게 했다. 그의 밑으로 들어와 벼슬을 할지 아니면
가족이 모두 죽든지. 채옹은 하는 수 없이 동탁 밑에서 관리가 되
었지만 일단 채옹을 들인 동탁은 그를 매우 존중했다.

그래서 채옹은 비록 동탁의 독단적이고 폭력적인 면까지 인정
한 것은 아니었지만 그가 죽음을 당했을 때 자신에게 잘해줬던 일
들을 떠올리며 애도를 표시했다. 그 결과 채옹은 왕윤의 분노를 사
옥에 갇히게 되었다.

채옹이 옥에 갇히자 조정 대신들이 앞 다투어 왕윤을 찾아가 채
옹이 계속 한사를 편찬할 수 있도록 인정을 베풀어 석방해달라고
간청했다.

하지만 왕윤은 "한 무제가 사마천(司馬遷)을 죽이지 않은 탓에 결국 한나라를 비판하는 책이 세상에 남겨졌다. 지금 내가 채옹을 놓아준다면 단지 한나라를 비판하는 책이 한 권 더 생길 뿐이다." 라고 말했다.

그의 대답은 동탁의 폭정과 전혀 다를 것이 없었다.

결국 채옹은 옥에서 죽었다. 사람들은 폭군 동탁이 죽었어도 다시 왕윤이 횡포를 부리며 자신들의 위에 군림하는 것을 보고 마음속으로 불만이 싹텄다.

그런 와중에 왕윤이 채옹을 죽이는 일이 생겼고 그로부터 두 달후 동탁의 옛 부하들이 장안으로 공격해 들어와 왕윤을 잡고 가족들을 모두 죽여 버렸다.

그리고 왕윤의 시체를 성문 밖으로 끌고 나가 사람들에게 보여주었으나 아무도 묻어주는 이가 없었다.

부모를 잘 섬기고
공경하는 덕이 있는 자손
孝子賢孫(효자현손)

 만장이 물었다.

"사람들은 우임금 때 덕이 쇠퇴해 왕위를 현자에게 주지 않고 아들에게 물려주었다고 말합니다. 정말 그렇습니까?"

맹자는 "그것은 사실이 아니다. 하늘이 현자에게 주고자 하면 현자에게 왕위를 주고 아들에게 주고자 하면 아들에게 왕위를 준 것이다."라고 하며 역사 이야기를 들려주었다.

순임금은 우에게 치수를 맡겼다. 십칠 년 이후 순임금이 세상을 떠나자 우는 삼년상을 치르고서 순임금의 아들이 왕이 될 수 있도록 양성(陽城)으로 떠났다. 하지만 우가 순임금을 보좌한 긴 시간 동안 많은 은혜를 입은 백성들은 모두 순임금의 아들이 아닌 우를 따라가려고 했다. 마치 요임금이 세상을 떠난 후 사람들이 요임금의 아들이 아닌 순임금을 따라간 것과 같았다.

결국 임금이 된 우는 익을 등용했다. 하지만 우임금도 칠 년 후 세상을 떠나고 말았다. 그러자 익 역시 우임금의 아들을 피해 기산(箕山) 북쪽으로 갔으나 이번에는 그가 우임금을 보좌한 시간이 짧아 백성들이 은혜를 입은 기간도 짧았다. 그리고 우임금의 아들 계는 현명했고 우임금의 방법을 엄격하게 계승해 제후들과 신하들은 익을 따라가지 않고 계를 따랐다.

그들이 "계는 임금의 아들이니 우리는 그를 따를 것이다."라고 말하자 천하 백성이 모두 익이 아닌 계를 찬양했다.

그 후 익이 군대를 일으켜 계에게 도전했으나 결국 패하여 죽고 말았다. 그리고 계는 하나라를 세워 대대로 이어 나갔다.

상나라 때는 이윤이 탕왕을 보좌했고 탕왕이 세상을 떠난 후에 태정(太丁)이 왕위를 잇기도 전에 죽었으며, 외병(外丙)은 왕위에 오른 지 이 년, 중임(仲壬)은 사 년 만에 죽었다. 그 후 왕위에 오른 태갑(太甲)은 그동안 탕왕이 만들어놓은 규칙과 법을 무너뜨렸다. 그래서 이윤은 태갑을 동읍(桐邑)으로 추방했다. 삼 년이 지나 태갑이 죄를 뉘우치고 도읍에서 인과 의를 베풀며 이윤의 가르침을 성실하게 받아들이자 이윤은 다시 그를 박읍으로 불러들여 천자의 자리에 앉혔다.

맹자는 익과 이윤 · 주공(周公)이 비록 현인이었지만 걸왕과 주왕같이 천하를 얻을 자격이 없는 왕을 보좌한 것이 아니라 덕이 있는 왕 밑에서 일했기에 천하를 다스릴 기회가 없었던 것이라고 생각했다.

하지만 맹자는 천하는 역시 현자가 얻는다고 여기고 공자의 말을 인용해 "요임금과 순임금은 현자에게 왕위를 넘겨주었고 하 · 상 · 조나라는 아들과 손자가 왕위를 이어받았으니 그 도리는 같다."라고 말했다.

돌고 도는 역사 이야기

성도 무후사(武侯祠)에는 유비전이 우뚝 서 있고 그 안에는 금을 입힌 유비상(像)이 있다. 그런데 유비상 옆에 세워진 것은 유비의 아들 유선(劉禪)이 아니고 손자 유심(劉諶)이었다. 유선은 우둔해 가업을 이을 능력이 없다고 생각한 사람들이 송 · 명 대에 훼손된 그의 상을 다시 만들지 않은 것이다. 반면에 유심은 용감하고 나라를 위해 목숨을 바친 진정한 효자요, 손자라고 생각해 유비의 곁을 지킬 자격이 있다고 여겼다.

263년에 등애(鄧艾)가 성도로 쳐들어왔을 때 유선과 대신들은 투항하기로 결정했지만 유심은 끝까지 저항하자고 주장했다.

그러면서 "만약 지략이 궁하고 힘이 다해 재앙이 닥치면 마땅히 아버님과 저, 그리고 대신들이 나서서 싸워야 합니다. 토지신과 곡신을 지키다가 죽는다면 지하에서 선제들을 볼 면목이나마 있지 않겠습니까?'라고 말했다.

하지만 유선이 말을 듣지 않자 유심은 통곡하며 말했다.

"만약 선제들께서 이루어놓은 것들이 무너진다면 저는 차라리 죽겠습니다."

그럼에도 유선은 궁을 나가 등애에게 투항했다.

그 소식을 듣고 분노한 유심은 먼저 부인 최씨와 세 자식을 죽이고 머리를 베어 유비의 사당에 바치며 땅에 엎드려 크게 울었다. "유가의 가업을 버린 자들이 부끄러워 제 처자식과 저의 목숨을 바쳐 조상님들께 드립니다! 만약 할아버지께서 영혼이 있다면 저의 마음을 알아주십시오!"

피눈물이 날 때까지 울던 유심은 결국 스스로 목숨을 끊었다.